高校教育管理与创新实践研究

唐立宝　著

吉林出版集团股份有限公司 | 全国百佳图书出版单位

图书在版编目（CIP）数据

高校教育管理与创新实践研究 / 唐立宝著. –– 长春:
吉林出版集团股份有限公司, 2023.4
ISBN 978-7-5731-3288-8

Ⅰ.①高… Ⅱ.①唐… Ⅲ.①高等学校—教育管理—
研究 Ⅳ.①G640

中国国家版本馆CIP数据核字(2023)第082509号

高校教育管理与创新实践研究
GAOXIAO JIAOYU GUANLI YU CHUANGXIN SHIJIAN YANJIU

著　　者　唐立宝
出 版 人　吴　强
责任编辑　孙　璐　王　博
开　　本　787 mm × 1092 mm　1/16
印　　张　8.75
字　　数　182千字
版　　次　2023年4月第1版
印　　次　2023年8月第1次印刷

出　　版　吉林出版集团股份有限公司
发　　行　吉林音像出版社有限责任公司
　　　　　（吉林省长春市南关区福祉大路5788号）
电　　话　0431-81629679
印　　刷　三河市嵩川印刷有限公司

ISBN 978-7-5731-3288-8　　定　价　45.00元

前　　言

21 世纪我国高校教学，快速步入了国际化和大众化教育时代，是当今中国高校教学的显著特征。我国高校教学正面临严峻的挑战和相好的发展机会。高校教学的改革，体制改革是关键，教学改革是核心，更新教育思想和教育观念是先导。

高校教育教学管理始终是我国高等教育的主要组成部分。随着计划经济体制向市场经济体制的纵深发展，我国高等教育由精英教育阶段迈向大众化教育阶段之后，教育观念、教育价值、社会对人才的需求等诸多方面的变化都对高校教育教学提出了新的要求，促使高校教育教学和考试管理在观念、内容、方法等各个方面不断发展和改革，以适应知识和信息时代的社会变化及现代教育理念的新需要。

本书属于高校教育管理方面的著作，首先对高校教育管理进行了概述，介绍了高校教育管理的内涵与价值、管理的原则与过程。其次从群体组织、教师和环境文化等方面阐明了高校教育管理理念与创新方法，系统论述了高校教育教学管理实践；通过对高校教育管理内容梳理，从教学管理、创新管理、创新机制构建等几个维度提出了新时代下高校教育管理趋势及策略。最后研究了基于大数据环境、互联网环境下的高校教育管理的思维创新。

深化高校教育管理学研究，就是在教育改革的实践中，努力探索、分析和研究遇到的新情况、新问题，积极寻求新思想和新方法，从而推进我国高校教育的健康有序发展。希望此书能为我国高校教育管理做出微薄的贡献，我们将会感到由衷的欣慰。并对从事教育管理创新创业专业的研究学者与教育管理工作者有学习和参考的价值。

唐立宝

2023 年 1 月

目　　录

第一章　高校教育管理概述 ……………………………………… 1

第一节　高校教育管理的内容及本质 …………………………… 1

第二节　高校教育管理的原则及思想 …………………………… 3

第三节　高校教育管理的重点及意义 …………………………… 8

第二章　高校教育管理创新理念 ………………………………… 14

第一节　高校教育坚持创新理念 ………………………………… 14

第二节　高校教育把握职能定位 ………………………………… 18

第三节　高校教育构建权力结构 ………………………………… 21

第四节　高校教育健全机构设置 ………………………………… 25

第五节　高校教育保障运行机制 ………………………………… 26

第三章　高校行政管理及改革创新 ……………………………… 32

第一节　高校行政管理理论基础 ………………………………… 32

第二节　高校行政管理中信息技术的应用 ……………………… 36

第三节　高校行政管理教育信息化机制构建路径 ……………… 44

第四节　高校行政管理改革与创新的具体措施 ………………… 48

第四章　高校教育管理创新机制构建 …………………………… 60

第一节　高校教师管理模式的改进 ……………………………… 60

第二节　高校教育文化管理创新 ………………………………… 70

第三节　高校课程管理体制的改革与构建 ……………………… 75

第四节　高校教育课程考试管理创新 …………………………… 78

第五章　互联网时代高校教育管理模式创新 …………………… 92

第一节　互联网时代高校教育管理层面创新 …………………… 92

第二节　互联网时代高校教育环境层面创新 …………………… 102

第三节　互联网时代高校教育体制建设层面创新 ……………… 110

第六章　基于大数据时代高校教育管理创新策略研究 ·············· 119

　　第一节　创新高校教育管理体制 ····························· 119

　　第二节　改革和完善高校教育管理 ························· 121

　　第三节　建设高素质的教育管理队伍 ··················· 126

　　第四节　与大数据紧密结合 ······························· 128

参考文献 ··· 131

第一章
高校教育管理概述

第一节　高校教育管理的内容及本质

一、教学管理的组织系统

教学管理组织系统是教学管理群体为共同目标的达成，利用权责分配，层级统属关系与团队精神构成的可以实现自我发展与调节的社会系统，用于解决谁管理与如何管理的问题。管理体制是指组织机构安排，隶属关系与权责规划等组织制度体系化建设。要想充分发挥教学管理组织功能，就要从根本上优化管理体制，促进组织结构的科学合理建设，管理系统属于结构性关系组织，是组织成员彼此行为关系构成的一个行为系统，也是一个随时代变迁而调整适应的生态化组织，更是成员角色关系网。教学管理组织建设的根本目的是要构建全面科学的教学管理系统，构建质量管理系统与运行机制，更好地为广大师生以及教育教学工作提供助力教学管理系统关注的是过程管理纵向系列与横向系列整合。纵向系列指高校、二级学院（部）、教学系部和教研室；横向系列有教务部门、科研部门、大学生管理部门、人事部门、政工部门、后勤保障部门等；要促进教学目标的达成，培育出更多优秀人才，必须确保两个系列进行有效协调。

高校要构建教学管理组织系统，保证该系统工作可以顺利高效的开展，灵活创新的运行，一定要打造高素质的教学管理队伍，明确机构设置，确定岗位责任。

二、教学管理的本质

从本质角度上进行分析，教学管理是在高校系统中，以教学子系统为研究的管理对象，组织应用有限资源，科学安排教学过程，优化资源配置，提升教学效益。

三、教学管理的基本任务和职能

从基本任务上看，教学管理需要严格遵照教育教学规律，搞好教学管理系统规划，运用现代科技和现代化管理方法对所有教学活动实施动态和目标性管理。与此同时，强调要发挥管理协调的巨大价值，调动各方参与主动性，确保人才培养进程当中教学任务顺利完成。

教学管理职能主要是"决策、规划，组织、指导、控制、协调、评估、激励，研究、创新"，这些职能之间有交叉，同时也有着密切的内部关联，共同构成了一个有机整体。

四、教学管理内容体系

做好教学管理，提升管理质量，其核心在于管理者清楚知道要管的内容，重点管的内容以及如何能够管理好，教学管理本身是一个整体，教学管理内容体系，从多元化角度出发进行体系框架的表现，就教学管理、业务科学体系而言，可以归纳成为四项，分别是教学计划、教学运行、教学质量管理与评价、教学基本建设管理这几个部分。如果将教学管理职能作为划分标准的话，包含控制协调、评估激励、研究创新、决策规划、组织指导。从教学管理层次与高度层面上进行分析，涵盖教学改革、教学建设与日常管理这几个部分。

（一）教学计划管理

人才培养方案是高校为了提升教育教学质量，确保培养规格的关键性文件，是安排教学活动，设置教学任务，维护有序，教学编制的依据所在。教学计划是在国家教育部宏观指引之下，由高校组织专家自主制定完成的，所以每个高校拥有很高的自主权。教学计划在确定之后必须全面贯彻落实。教学计划管理核心在于合理设计人才培养蓝图，要求高校在企业中注入极大精力，开展基本调查研究，尤其是获知新的教育观点、教学内容、培养模式等方面。需要将高校本学科专业的学术教学带头人、骨干教师先进行课程结构体系的研究。只有保证课程结构体系的优化与全面，将人才培养的总体规划进行有效定位，才能够为优秀毕业生的培育奠定坚实基础。其中特别要注意，在制订了教学计划后，必须严格贯彻，切忌随意散乱。

（二）教学运行管理

教学管理基本在于利用规范化管理确保教育教学活动顺利有序的运转，提升教学水平。教学运行管理是围绕教学计划落实开展的教学过程与有关辅助工作的组织管理。教学过程指的是大学生受教师引导下的认知过程，还是大学生利用接受教学活动的方式，收获综合发展能力的过程。高校教学过程在组织管理方面的特征，最为明显的是：第一，大学生学习自主性与探究性特征明显。第二，坚实基础学科教育根基上的专业教育拓展。第三，教学科研不断整合。以这些特点作为重要根据，教学过程组织管理，特别要做好课程大纲的设置；设计组织管理内容、程序、规范要求等，以便对教学过程进行检验。

（三）教学行政管理

教学行政管理是高校、教学系部等教学管理部门结合教育规律与高校规章行使管理方面的职权，对教学活动与有关辅助工作实施科学化组织、指挥、协调调度，确保教学稳定持续运转的协调过程。

（四）教学质量管理与评价

教学质量这个概念具有很强的综合性，判断教学质量水平指标应涵盖教学、学习与管理质量的综合性指标，才能够得到客观准确的评估，教学质量是不断渐进累积的产物，是动态与静态管理整合形成的，所以要关注动态与过程管理，实现过程与结果的统一。革新教育思想，提升教学水平，是做好教学质量管理的基础前提。要做好质量监控，设计全程质量管理，构建与校情相适应的质量监控体系与运行机制，首先必须对质量监控概念、要素、组织体系等进行梳理，认真研究质量监控与保障的全部有关问题。高校要积极构建围绕核心，科学化与可操作性强的质量管理模式。

第二节　高校教育管理的原则及思想

一、高校管理的理论根据和指导思想

管理科学化在提升管理效率与教育质量方面意义重大。管理科学化的实现，依赖于与客观实际相符的，人性化与规范化管理制度，而以上所有均离不开科学管理思想，科学化的管理思想总共有三个层次，分别是认知理论的管理思想、管理遵照的基本原则与实践中运用的方法。

（一）管理思想

管理思想是关于管理的观点、理论或观念，是管理理论与实践整合与人头脑的一种反应。管理思想能够对管理实践以及重要指导作用，思想是行动的先导。管理思想会伴随社

会和管理实践的产生、发展与变化而发生改变。19 世纪后期，受机器大生产的影响，欧洲产生了过程管理、古典科学管理思想等。20 世纪的 60 年代之后，产生了大量管理学派，促进了管理思想的繁荣。

高校管理是教育管理的重要组成部分，管理思想应该和教育管理思想一致，均为复杂综合的重要理论课题，也应确定理论前提，与一定的思想理论进行紧密关联，以便确定基本方向。站在哲学的角度进行分析，高校管理思想主要包括：

1. 运用相互联系的管理思想

高校管理属于社会现象，具有很强的综合性与复杂性。假如站在宏观角度上研究的话，高校和社会、家庭乃至于整个时代都是存在密切关联的，广大高校大学生也不是孤立和隔绝于世的，因此高校管理会涉及社会、家庭，影响时代的同时也受时代影响或制约。

站在微观角度上进行分析，高校管理的各个要素之间，存在着彼此联系与制约的关系。比方说管理和教育间的关系，管理和服务间的关系等都互相影响与制约。

2. 运用动态平衡的管理思想

管理是一个系统性过程，该过程处在持续不断的发展变化过程中，不单单会受政治、经济、文化等诸多要素的影响，还受高校本身诸多因素的影响。所有都处在不断变化的过程中，管理工作也是如此，为在发展过程中不断完善与进步。另外，被管理者以及被管理者的思想行为、人格等也会在大学生管理过程当中发展完善。因而将动态平衡管理理念应用到管理实践当中，就要用哲学当中发展的观点，做到与时俱进，立足现实，着眼未来，探究新情况，解决新问题。

3. 运用对立统一的管理思想

高校管理实践活动包含着多元化的矛盾关系，因而要借助对立统一的管理思想，处理问题与矛盾。例如，管理者和管理对象间存在着矛盾，要用对立统一思想指导管理实践。

4. 运用实践探索的管理思想

实践是检验真理唯一标准，而实践又是获取正确认识的主要来源。高校管理具有极强的实践性，同时对操作性能提出了极高的要求。所以在推进高校管理时，必须树立实践意识，培养探究创造的勇气，在实践当中把经验抽象为理论，以便更好地指导大学生管理实践。不断反复以至无穷，促进大学生管理全面进步。

（二）指导思想

在对我国高校管理进行指导思想研究的过程中，需要特别注意运用以下观点与思想。

第一，坚持马克思主义中有关于人全面发展的理论，培育"四有"人才是高校教育根本任务所在。想要保证研究工作质量，首先一定要明确给谁培养人才和培养怎样的人才这样的问题。我国高校培育出的人才要具备扎实科学文化知识与健康的身体素质，要有极高社会主义觉悟。要完成四有新人的培育目标，就要严格根据马克思主义人全面发展教育思想，推动教育发展。有效培育德智体美劳全面进步的优秀中国特色社会主义事业建设者与接班人最重要的教育方针，也是马克思主义理论精华具体应用的表现。我们要把培养全面发展的"四有"人才作为教育根本任务和落脚点。

第二，运用马克思主义有关于辩证唯物主义的理论用对立统一观点对高校管理工作进行引导，在管理实践当中贯彻整体观念。马克思主义辩证唯物主义哲学是所有社会与自然科学的理论根基。马克思主义方法论与认识论渗透在全部社会与自然科学中，因而必然渗透在高校管理中。要利用对立统一观点，明确管理整体观念。从纵向上看，并使整体观念使局部与整体统一，从大学生管理工作整体系统的角度上看，构成有机整体的每个部分都是支系统和局部。大学生管理系统整体功能最终是局部组合形式决定的，虽然局部拥有特定功能，但都应服务于系统整体目标与功能，局部要素要以整体目标为基准建立起来。从横向上看，秉持整体观念是处理局部间分工合作一致性，将各部门进行有效协调共同为培育全面发展人才的管理目标服务。

第三，利用高等教育与现代科学管理理论指导大学生管理，推动管理科学化。现代治校理念要求，要运用现代科学进行高校与大学生的管理。具体而言，一要靠教育科学，遵照教育内外部规律办事。例如，高等教育规模是受经济基础决定的，又会反作用于经济基础。高校是高等教育的更要平台和有效载体，如今人才竞争激烈程度逐步增加，市场化竞争更是空前激烈，思想观念、结构、体制等多个方面都出现了一系列的改革。高校一定要过好时代脉搏，面向市场办学。高校管理要持续不断地进行，新情况的研究与新问题的解决，面向新时代培育复合型人才，而要靠现代管理科学理论方法完成管理活动，确保大学生管理组织机构完善管理制度健全，人员责任，岗位分工恰当，职责明确，奖罚分明，动作协调一致，管理高效。运用现代管理科学指导大学生管理，主要是对基本原理进行应用，主要包括人的能动性、规律效应性、时空变化性、系统整体性的原理。在具体的管理实践当中，一定要促进组织系统化建设，决策科学化发展，方法规范化进步与手段现代化改革。

第四，继承发扬我国多年来高校管理成功经验，吸收借鉴经验财富。多年来，高校管理实践当中累积的大量成功经验与宝贵成果是如今大学生管理的财富。首先，我国高校要始终坚持共产党领导，走社会主义道路，这是最为基本的成功经验。所谓坚持党的领导，实际上就是利用党的方针政策路线等指导高校管理，确保高校的社会主义方向坚定，充分调动师生的热情，为培育与全面素质过硬的高级复合型人才不懈努力。之所以强调坚持社会主义方向，是因为我国高校具备社会主义性质。所有管理都要坚持党的领导，所有规章制度的制定落实，都必须始终坚持一个中心与两个基本点，就这样才能够激发管理参与者的热情，而这也是衡量管理功能与效益的基本点所在。其次，管理规范化与制度化就是将与社会主义方向相符，同时历经实践检验的、成熟民主的科学管理制度方法等用制度形式进行固定，构成工作规范，实现权责利的统一，让制度在思想性与科学性到达统一。再次，秉持理论与实际相联系的原则，面向社会实践与社会需要，确保教育和生产的整合。高校培育人才，一定要满足市场经济的需求，在思想方面拥有极高社会主义觉悟与共产主义献身精神，在业务方面除了要具备扎实理论之外，还要具备极强的分析与解决问题的实践能力，拥有实干精神与独立性。

二、高校管理的原则和基本方法

原则是客观规律反映，是观察与处理问题的根本准绳。高校管理的重要原则是大学生管理内在规律的体现，不是主观臆造的。在整个大学生管理体系当中，管理原则地位十分关键，有承上启下的作用，为管理目标与实现目标手段搭建了桥梁，是运用有效方法推进管理实践的根本要求。管理原则与管理目标、过程、方法、制度、管理者等要素当中，存在紧密关联，同时处在指导地位。

（一）高校管理的基本原则

1. 大学生管理工作方向性原则

管理是有目的的一种实践活动，实际管理工作一定要具备方向性。把社会主义方向作为根本准绳，是我国大学生管理的本质特征。我国是社会主义国家，所以要将高校变成社会主义性质育人平台，社会性质形成了对高校性质的制约，所以决定高校所有管理活动的性质，所以高校管理一定要坚持党的领导，走社会主义道路，坚持科学发展观，为社会主义现代化建设培养造就大批合格人才，这是高校管理最根本和最重要原则。

2. 理论与实践相结合的原则

理论与实践相结合，坚持实践是检验真理的唯一标准，是马克思主义基本原理，更是高校管理基本准则所在。有效领悟与把握马克思主义科学与有关管理原理，掌握其精神实质，是做好大学生管理的基础与前提条件。但是大学生管理科学化，还要坚持从实际出发，考虑大学生的实际特征，制定出针对性强的方法策略。

3. 行政管理与思想教育相结合的原则

高校行政管理与思想教育相结合，不单单要有说服教育，还必须持续不断地实施行为训练，让高校教育要求成为大学生正确的行为习惯，不然教育效果是无法得到有效巩固提升的。假如规章制度以及行为规范等设置不够科学，德育教育实践就会丧失动力。行政管理在培育社会主义合格人才的进程中，作用巨大，给教育实践提供了重要的规范与纪律保障，但具体高校管理是借助规章制度与行为规律等科学指导与约束大学生思想行为。这些制度措施以及纪律表现在社会和高校集体意识对高校大学生的要求，还体现在对高校大学生行为的外部限制。所以，单一借助管理制度解决高校大学生群体复杂精神领域问题不实际，同时也违背了实际规律。正确管理措施的制定落实，一定要把提升大学生认知能力，提高大学生遵章守制自觉性当作是基础前提。自觉遵章守纪来自拥有科学正确的认知，离不开科学化的教育实践。只有利用科学合理的德育教育方式，才能够提升大学生纪律执行自觉性，有效提升管理质量与效率。

4. 民主管理原则

高校管理体系当中一项非常关键的内容，是要对大学生进行自我控制与管理能力的培养，使得大学生能够在管理实践当中拥有主人翁意识，积极主动的参与管理活动，充分调动大学生的主观能动性。为了保证大学生自主管理的实现，一定要在大学生管理当中落实民主管理原则，保证整体目标的达成。

就高校大学生心理发展的特点而言，大学生正处在心理自我发现的阶段，这个阶段大学生拥有非常强的支配自我与环境的意识，特别是在独立性方面，渴望个人人格与意志得到尊重。面对高校给出的规章制度，以及纪律等方面的内容，高校大学生会主动思考其合理性，通常不希望被动服从，渴望直接参与到管理当中。结合高校大学生的心理特征，一定要在大学生管理中发扬民主，让大学生既是管理对象，又是主体。在落实民主管理原则时，特别要关注党团员大学生作用的发挥，合理选拔优秀大学生干部。

（二）高校管理的方法

高校管理方法是以管理原则作为有效依据，为保证大学生培养目标的实现在具体管理环节运用的所有方法、步骤、途径、手段等，通常情况下有以下几种。

1. 调查研究

经常性的调查掌握和了解大学生的实际情况，有效选取针对性强的处理方法。在调查研究过程当中，一定要针对调查对象、目的、方法等内容，做好科学规划，不可敷衍了事。调查过程当中，必须做到实事求是，有效运用马克思主义立场、观点、方法，注重综合性的研究分析调查材料与调查事物，

2. 建立规章制度

在高校管理发展的建设当中，应该逐步建立科学化的管理制度体系，这是确保大学生管理工作有据可循的基础。制度建设一定要与高校大学生身心特征相符，同时要与整个的教育规律与大学生管理目标相适应。与此同时，制度要伴随教育改革与进步，持续不断地进行健全，与此同时要维持相对稳定性。

3. 实施行政权限

结合管理目标、内容等制定规章制度与相关的行为规范，利用行政方法实施有效管理，通过有关管理部门与师生、员工共同监督检查的方式，促使大学生集体或个人与管理目标相符，行政方法通常有惩治和褒扬这两种。在具体的管理过程当中，针对能够认真遵守相关管理制度，思想行为都与制定规范相辅的个人与集体，应该大力褒扬赞赏；对于违规违纪，思想行为，不符合管理要求的个人与集体要给出限制措施，同时要用严格制度惩治行为极度恶劣者。

4. 适当运用经济手段

经济手段实际上是补充行政方法的一个策略。在具体的大学生管理环节，给予必要物质奖励，或者是物质上的惩罚，指的就是经济手段。选用经济手段并不表明行政方法难以确保管理工作的有效实施，是因为经济手段会直接触及大学生物质利益，所以能够发挥极大的作用，而这个作用是行政方法无法代替的。在选用经济手段实施大学生管理工作时，不能只关注经济手段奖惩，而忽略日常教育指导与行政管理。也不能只注重经济手段奖励优秀大学生，忽略用同样手段处罚指挥违纪大学生。更不能只关注处罚而忽略奖励，否则会直接影响到经济手段作用的发挥。

第三节 高校教育管理的重点及意义

一、高校教育管理的重点

（一）教学管理的特点

教学管理在高校管理实践当中占据不可替代的地位，同时管理活动带有明显的特殊性，这也决定了教学管理有以下几个明显特点：

1. 教学管理的能动性

能动性是教学管理的一个显著特点，此处指的是人的主观能动性。教学管理主要对象是师生，是否可以有效调动师生积极性，是恒定教学管理质量的关键标准。在整个教学管理体系当中，师生拥有双重身份。教师在对大学生进行教学指导时扮演的是管理者角色，而教师在作为高校教育教学执行者时，属于管理对象。大学生是高校与教师的管理对象，同时是自身学习的自我管理者。不管是师生扮演着怎样的角色，承担着如何的身份，都有主观能动性。

2. 教学管理的动态性

动态性指的是教学管理各环节均处在动态发展进程当中，比如人才培养方案，要跟随社会经济变迁而不断地更新完善，教学质量评价系统要伴随建设内容改变而更新。正是在持续不断的总结提升和动态化的协调处理当中，才让教学管理水平与质量螺旋上升。

3. 教学管理的协同性

教学管理担当的重要任务是协调大学生个体与、高校、教师不知道集体活动，有效发挥师生个性，推动个人与集体的协同进步。

4. 教学管理的教育性

教学管理者利用科学制定管理制度，优化管理过程，设置奖惩制度等方式，指导大学生进行自我教育与管理，推动大学生自我服务，最终实现育人目标。

5. 教学管理的服务性

高校中心工作在于育人，教学管理要紧紧围绕教与学，并为其提供良好的服务。树立正确服务意识，是对教学管理者提出的根本要求。

（二）教学管理队伍的结构

高校教育教学管理队伍由分管教学副校长、教务处全体人员、学院（系）主管教学副院长（副主任）、教学秘书（教学办全体人员）和教务员组成。教学管理人员的结构主要包括学历结构、职称结构、年龄结构、高校结构和性别结构等指标。科级以上管理人员岗位应具备硕士及硕士以上学历，博士学历占一定比例；处级岗位、教学副院长（副主任）和重要科级岗位应具备副教授以上职称，教授占较大比例；老、中、幼各层次人员合理分布，教学管理队伍既要有教学管理经验丰富的中老年专家，又要有充满活力、信息技术强的青年骨干；结构上外校人员应该占多数比例，有利于发挥不同的管理思想，承担重要岗位工作的教学管理人员应有基层教学管理公作经历。

（三）教学管理的重点

1. 注重提高教学管理人员职业道德和业务能力

高校方面要切实意识到教学管理者在高校长远发展建设当中，扮演的角色和发挥的不可替代作用，有效培育其德育素质，使其树立事业心与责任心，始终秉持奉献精神。

教育管理者所处位置非常关键，发挥承上启下作用，担当上传下达的责任，不单单要贯彻落实上级部门给出的工作安排与文件精神，还必须协调组织教学管理活动，同时还要面对教师，处在和大学生沟通互动的前沿，这样的工作定位与职责呼吁教学管理者要具备职业道德与高度责任意识。教学工作涉及范围广，内容多而复杂，很多事都要关注细节，有些事情看似很小，但实际上却关系深远。教学管理者必须要具备精诚合作的精神。高校教学管理的一个重要特征是层次化管理，既有独立，又有彼此的团结配合。只有具备团队协作精神，懂得如何合作和协调，才能够全方位处理好实际工作，做好分工，有条不紊地解决好诸多问题。再次要有极强业务素质能力。教学管理者，业务水平与能力素质是独立开展教学管理工作，有效突破实际难题，完成各项管理任务的根本。高校方面要关注教学管理者业务素质水平的提升，使其能够熟练把握，以及运用好高等教育的专业化知识，把握教学管理基本理论与专业知识，有效评估教育教学的发展态势，协调不同部门与不同因素之间的关系，推动信息的顺畅流动，革新管理策略，全面提升管理水平；从实际出发开展教育科学研究和实验活动，有效推动教育管理现代化与科学化。

2. 正确处理教学管理与教学质量的关系

教学管理是高校针对教学工作不同环节开展的管理活动，结合既定管理目标与原则对教育教学实施有效调控。教学管理各环节均与教学质量存在着密不可分的关联。教学管理涉及的内容非常广泛，从教学质量评价系统来看，包括培养方案、教学计划的制订、教学任务的安排、教学跟踪监测、信息收集、信息统计分析、质量评价等内容。与此同时，要特别注意结合反馈信息以及评估获得的结果进行教学计划的革新调控。每一项具体工作又会包括很多不同的方面。教学管理一定要紧紧围绕全面提升教学质量，这个中心工作实施，高校应该全面革新与健全教学管理体制，积极建立有助于新型人才培养的教学管理制度。

3. 正确处理教学管理人员与教师教学任务的关系

教学管理者与教师共同担当着教育使命，前者以整合利用教育资源为主，教师以传播知识和启迪思想为主，管理育人与教书育人相辅相成，二者存在互相影响与作用的关联，属于相同目的之下的不同层面、主要体现在：

第一，教学管理者是衔接教师和大学生的纽带，负责协调处理二者之间的矛盾问题，有效营造优质的教学环境，确保教学和学习活动的有序开展。

第二，教学管理者利用整理分析教师教学质量信息，反馈教学和学习的实际情况，合理给予出科学化评定。检查考核，教师教育教学当中体现出来的学术与教学水平，评估其敬业精神，归纳评估教师是否认真完成了教育任务，给出的指标和规划，促使教师结合社会发展与市场需要，提升教学水平，培养高质量人才。

第三，学管理者与教师共同参与高校各项事业的建设过程中，如课程建设和教材建设等。利用对教学的调查研究与分析工作，提出改革和优化教学的方案计划。

第四，高校管理者给教师提供教育教学方面的帮助，营造优越教学环境，促使教师可以集中注意力投入到教学活动当中。

4. 注重教学管理与教学研究的关系

教学管理是一项系统性工程，需要长时间建设与积累。高效完成日常教学管理，维护教学秩序，只是完成了第一层次工作，仅仅标志着拥有了良好的工作基础与教学环境。要想真正提升人才培养质量与教学管理质量，还必须积极，促进教育教学研究工作的开展。关注教育教学研究的高校，其教学工作的指导思想明确、目标选择恰当，能审时度势，从国情、校情出发确立新思想、新思路、新措施、新制度，教学工作和管理工作处于高质量状态。教学管理和教学管理研究开展较差的高校，其教学改革往往比较落后，抓不住教学改革的重点与核心。结合这样的特征，要特别关注教育教学研究工作，把握好提升教学管理效益与质量的关键点。

二、高校教育管理的意义

教学管理是高校教育工作的重要组成部分，对培养高质量的人才起着重要的作用。当前加强教学工作的主要任务和基本举措是加大教学投入，强化教学管理，深化教学改革。这既需要各高校结合自身实际，健全和完善各项教学工作规章制度，还需要采取措施，确保各项规章制度严格执行。高校实施先进有效的教学管理，离不开高素质的教学管理人员。只有具备一支业务能力强、创新意识强、实干精神强的教学管理队伍，高校的教学管理水平才能不断地提高。

（一）教学管理人员具备的素质能力

现代教育要求高校教学管理必须适应时代的发展，对在第一线的教学管理工作者提出了更高的要求，要求他们具备多方面的综合能力和素质，具体表现在以下几个方面。

1. 具备高尚的道德素质

良好的道德素质是搞好教学管理工作的基本条件。高校教学管理人员的道德素质如何，直接关系到高校教书育人的成效。"学为人师，行为示范"，教学管理人员应以自身的思想、学识和言行以及道德人格力量直接影响大学生，做到管理育人。

2. 具备强烈的责任心

教学管理工作既有较强的连续性，又会遇到新情况、新问题；工作头绪多，任务重。强烈的责任心能产生工作主动性，是教学管理人员必备的品德。如每学期的期末考试，从安排、组织考试，到上报各种考试报表，再到各科试卷、成绩单的整理归档，每个环节都必须认真负责，才能较好地完成工作。

3. 具备扎实的业务知识素质

首先，要掌握系统的管理学知识。随着教学体制改革的深入，教学管理人员应掌握系统的管理学知识，按照管理规律办事，采用科学的管理方法，合理地分配人力、物力、财力，提高教学管理工作的效率。其次，要掌握相关学科知识，这是搞好教学管理工作的基础。院级教学管理人员应了解各专业的培养目标课程体系及各教学环节的有关内容。再次，随着科学技术的飞速发展，办公自动化的程度越来越高，教学管理人员应学习和掌握相关的信息手段与技术，如掌握学籍管理系统、教材管理系统、教务管理系统、教学评估系统、毕业证书管理系统的应用及有关日常文书处理软件的使用等，促进教学管理方法的创新，保证教学管理工作的规范化、科学化和现代化。

4. 具备较强的工作能力素质

能力是使教学管理活动顺利完成并获得预期效果的基础和保障，能力培养和提高甚为重要。一名优秀的教学管理人员应具备一定的组织管理能力，较强的协调应变能力，利用现代化设备获取信息、处理信息的能力，较强的调查研究能力及团队协作能力等。这些能力是教学管理人员准确评估教学的发展趋势，协调各教学单位间相互关系，促进教学信息良性流动所应该具备的基本素质能力。

（二）教学管理的重要性

从世界高等教育的发展趋势看，深化教学管理是当今世界高等教育发展趋势的客观要求。提高人才培养质量是世界各国面临的共同课题，高校都在思考"21世纪的高等教育应该如何发展"。严格规范的教学管理，特别是加强教学质量的控制是提高高等教育质量的重要保证，向管理要质量是教学改革的重要任务之一。

从高校教学和管理队伍的历史、发展和形成来看，目前绝大多数从事教学管理工作的人员在校学习期间缺乏系统的"教育学""心理学""教育管理学"等方面专业技术知识的学习，大部分人员是通过实际工作的不断探索而积累经验的，不能够从理论上、教学规律上更好地把握教育工作和教学改革的建设工作。

从高等教育科学的发展来看，许多高校没有把高等教育教学管理作为一门科学来对待，高校的教育教学管理不到位，没有形成必要的校内外教育研究信息沟通机制。高校缺乏教育教学研究的氛围，缺乏有组织、有计划、有目的的教育教学及管理研究，对学习、借鉴、继承、发展等一系列问题缺乏系统的思考和具体安排。

（三）管理队伍建设的意义

建设一支综合素质过硬的教学管理团队，是有效提升高校核心竞争力的重要举措。随着社会的发展，高校间的竞争越来越激烈。如何招到更多的优秀大学生，如何培养出更多的高素质大学生，如何使大学生在就业市场占据有利的地位，成为各高校普遍关注的重要问题。而从新生入学、过程培养，到毕业生离校的整个学习过程，任何一个环节都离不开教学管理的保障。教学管理队伍实力强，则贯穿于教学过程中的理念就先进，制度就健全，教与学的环境就更严谨、公正，大学生掌握的知识和技能就更全面。加强管理队伍建设将使教学质量得到提高和保障。

实际工作中，教学管理队伍也确实为提升教学工作水平发挥了关键性的作用。无论是办学指导思想、师资队伍建设、教学条件和利用、专业建设与教学改革，还是教学管理、学风与教学效果，所有这些决定教学水平的项目，都与教学管理人员的工作息息相关。只有加强教学管理队伍建设，并将高素质的教师队伍与高质量的教学组织管理有机地结合起来，才能创造出良好的教育教学质量，不断地提升教学工作水平。

加强教学管理队伍建设是提高人才培养质量的重要手段。人才培养是高校的根本任务，质量是高校的生命线。为全面提高人才培养质量、必须强化教学管理，深化教学改革，积极推进教育创新，尤其要推进人才培养模式、课程体系、教学内容和教学方法的改革，促进传授知识、培养能力、提高素质的协调发展。教学管理人员是深化改革、推进创新的主要策划者、实施者和监督者，教学管理队伍的水平直接决定了高校教学改革的广度、深度和力度。所以，提高人才培养质量必须要加强教学管理队伍的建设。

第二章
高校教育管理创新理念

　　自 20 世纪 90 年代，我国高校教育建设和发展出现了"井喷"现象，高校办学规模和在校人数逐年增加，在"建设世界一流高校"的目标号召下，我国高校教育的基础设施建设和学科建设步伐大大加快。其中"211 工程"和"985 工程"作为我国高校教育发展的先行军，为我国高校教育吹响了前进的号角。我国高校教育追寻的"世界一流高校"的精神内涵需要着重指出，高校的内涵是"普遍、整体、世界"的意思，高校精神气质的这种普遍主义精神主要表现为：首先，高校知识传播者应该包罗万象，全面而又专业；其次，高校知识获得者也应遍布全球各地，尊重接受学生个性；最后，高校的内部管理和科研教学必须能够与时俱进。

　　但在我国这样一个拥有几千所高校的国家，谋求国际高水平高校的理想需要的不仅仅是政策性支持、教育资源投入和就业环境改善等外在条件，更重要的是我国高校教育进一步发展改革所选择的管理体制如何更好地适应新时代和新环境的需要。目前我国高校里，教师队伍的素质、研究水平、研究成果，决定了高校的高度与地位。如何在改革环境中梳理出政府与高校、社会与高校以及高校内部的种种关系，成为我国高校教育管理改革的出发点和立足点。因此当代我国高校的发展需要理顺师资管理制度、科研管理制度、后勤社会化管理制度、教务管理制度等高校管理体制创新，迫切需要理顺高校与政府、政治与行政和学术、学生与教授以及就业与毕业等多重关系。可见高校教育管理体制改革是我国政治体制改革的延续，只有建设和完善我国高校教育管理体制，我国高校教育才能在公正、民主、自由、法治的前提下获得健康持续发展的动力。

第一节　高校教育坚持创新理念

　　创新是指改变旧制度、旧事务，对旧的生产关系、上层建筑做出局部或者根本性的调整变动。所以创新就是改进不好的，改正错误的、不合理的，最终达到创新的目的。创新需要清晰的价值和目标，即明确创新理念，它关系到创新的出发点和前进方向。高校教育教学是对高校教育的认知、使命、作用等基本问题的认识和看法，是高校教育管理实践的总结和概括，具体包括管理理念、学习理念、教育教学、办学理念等方面。

一、统筹理念

我国高校教育作为公共物品和服务的一部分，其物质载体是高校，高校的根本属性是我国事业单位，这种公益属性不会发生改变。党委领导具有全局性特征，党委在高校内部治理过程中的意见综合和宏观决策作用不可或缺。

统筹作为一个由数学衍生出的系统科学概念，主要强调的是针对一个事物发展或行为执行过程中涵盖的规划、引导、服务和扶持的完整的过程体系。政府统筹就是站在事物全局的角度统筹思考、洞察事物、工作谋划、整合协调和创造性思维、服务全局的能力。不顾此失彼，不因小失大，兼顾和协调全局各方面利益，使整体协调，布局合理，利益得当，人文和谐，思想协同，工作得力。那么政府对高校教育的统筹也就可以围绕这一概念展开，即政府统筹规划、统筹引导、统筹服务和统筹扶持。对高校教育发展的速度、规模、质量、结构进行宏观管理，促进管、办、评分离，形成政事分开、权责明确、统筹协调、规范有序的管理体制。

推动高校教育内涵式发展是基于高校教育发展的新的指导方针，是"办好人民满意的教育"的坚实基础，是"全面实施素质教育，深化教育领域综合创新，着力提高教育质量，培养学生创新精神"的最好保障，是"立德树人"，培养德智体美全面发展的社会主义建设者和接班人的关键举措。所谓内涵式发展，就是以科学发展观为统领，摒弃高校传统追求规模、数量的粗放式发展模式，着眼于效益与质量的创新型发展道路。效益、质量与创新三位一体，其核心是实施内涵发展，重点是学科建设和制度建设，其动力源于深化创新，其保障是和谐校园建设。

第一，统筹引导方面。建立高校学科分类建设体系，实行学术发展分类管理；创新高校人才培养模式，提高高校人才培养质量和深度；加大对高校学术的监督和审查；统筹推进各级各类高等教育协调发展；统筹高等教育城乡、不同区域间教育协调发展。

第二，统筹编制符合要求和国情的高校教育办学资质、教师引进、招生质量等多项标准。统筹服务方面：深化高校教育综合创新，推动教育事业科学发展，必须以"三个满意"为出发点和落脚点，在关心国家命运、服务国家战略上有所作为，让党和国家满意；在勇担社会责任、满足社会对创新高校教育不断提高的要求上有所进步，让广大人民群众满意；在坚持以人为本，实现、维护、发展好高校广大师生员工根本利益上有所建树，让广大师生员工满意。引进国际创新教育资源，提高中外合作办学水平。

第三，统筹扶持方面。落实扩大高校教育办学自主权，完善我国高校制度，完善教育惩治和预防腐败体系；统筹健全以政府财政支持为主、社会捐助资助教育经费、有限度自主探索高校教育市场化稳定增长的机制；建立地方政府所属高校的教育职责评价制度；探索建立政府督导高校机构职责运转的机制。

管理体制和运行机制的重大变革涉及法律制度、组织架构、权责划分、运行规则和利益调整等诸多方面，内涵十分丰富，是一个系统的制度安排，这都需政府统筹来部署和实施。另外还需要政府统筹协调政治体制创新和市场经济体制创新，使我国高校教育管理创新与政事分开、管办分离和转变政府职能等其他政治、经济、文化、社会创新密切联系，相互影响，逐步推进。深化教育管理创新，探索政校分开、管办分离实现形式。

二、参与理念

高校教育是随着我国政治、经济、文化和社会环境变化不断适应的发展历程，是我国政治体制创新不断深入的体现，是社会主义市场经济创新深入人心的要求，是社会开放文明的自我需求，是我国文化传承自我提升的动力源泉。

社会参与高校教育管理创新的必要性主要有以下几方面：第一，从高校的系统性和开放性来看，高校教育作为一个系统要生存和发展，不可能封闭自我。高校需要汲取自身生存发展所需要的物质资源、人力资源和财务资源，无法忽视与社会普遍联系的客观事实。高校应立足于扩大高校的开放性，融入我国国情的现实社会中，建立社会参与高校管理的机制。第二，经济和社会生活方式的重大变革使高校教育的大众化普及程度不断加大，继续教育、职业教育等终身学习教育制度不断深入人心，极大地刺激了社会参与高校教育的意识。第三，激烈的市场竞争环境下，对人才的需求和竞争成为市场生存的不二法则。市场竞争主体例如企业已经以极大的热情加强与高校的合作，参与到高校教育的具体实践中，寻求满足自身需要的合格人才。第四，高校自主化办学带来的就业压力和经费支出以及后勤社会化等创新也需要得到社会的支持和帮助。总之，高校接纳来自社会各方面参与自身管理是必要且可行的。

社会参与高校管理的内容主要包括：一是社会参与高校决策。高校管理创新需要吸纳更多智慧和力量，确保高校的决策体制、运行方式、机构设置等内部事宜得到民主、科学的监督、反馈和建议，社会参与的重要性不言而喻。二是市场权力对高校权力的影响和制约使社会参与高校管理的具体事务越来越深入。高校的专业、课程设置不断重视市场需求，高校毕业生就业市场要求高校教育管理贴近社会现实，高校内部事务信息公开，等等。三是高校的社会服务功能使社会参与高校教学科研等高端领域。高校与企业的合作正是社会参与的表现。我国高校教育创新是系统工程，能否在市场经济大潮中接受社会检验是创新成败的关键。我国高校要认清现实发展要求，提高社会服务功能，树立社会服务意识，把社会参与作为自身管理创新的重要内容，实现科技成果转化，提高社会知名度和权威性，满足社会需要的创新目标。高校教育的需求多样性、高校教育走向社会中心以及高校教育经费来源的渠道多元化要求社会参与，这不仅是高校教育发展的共同趋势，还是实现高校教育内部管理制度完善的重要保证。

三、公共利益理念

公共利益是指公众的、与公众有关的或为公众的、公用的需要的利益。公共利益是指国家和社会占绝对地位的集体利益而不是某个狭隘或专门行业的利益。有关规定指出"教育活动必须符合国家和社会公共利益"。公共利益产生于人与人之间的社会联系，是公民个人利益最终的价值取向，代表着长远的、共同的、整体的个人利益。高校教育的利益主体可以分为国家利益、团体利益和个人利益。团体利益是指高校的各种权利主体在博弈过程中获得的权利利益。个人利益是指参与高校教育过程和活动中的个体获得的参与权、保障权和结果权的权利利益。这三种利益主体只是基本利益和直接利益，如何协调利益冲突和分歧，寻求整体利益最大化，这就是公共利益取向的理念所在。

公共利益正当性的基础是以一定社会群体存在和发展为前提的，公民的受教育权是公民的基本权利之一。因此，保障公民的受教育权利成为公共利益取向的共性特征。高校教育的社会服务职能是公共利益至上理念的具体体现，这需要由国家法律作为保障。高校教育作为公众受教育权利的组成部分，已经从"精英"教育转变为"大众"教育，受教育群体的数量、受教育群体的文化程度已经具有社会普及性和公民自主性走向，因此高校教育创新的公共利益取向能够满足国家利益和个人利益的诉求。高校教育的受教群体不因年龄、性别、民族、肤色、国籍、经济状况、家庭出身等因素而影响到高校教育知识的获取和传播，享受机会均等无差异。高校教育需要在生产知识、科技和人力资本过程中增效，实现教育产业化，进一步改善教学环境，增加教育奖学金的投入和贫困生补贴力度，促进高校教育事业的公平和正义。

高校教育管理创新涉及社会公共资源和经费的使用和调配，影响到社会成员的共同利益，创新的成果需要全社会共享。高校教育创新的公益性具有公共性、社会性和整体性，包含国家层面的经济利益、政治利益、文化利益、文明利益，也包括社会层面的经济利益、文化利益、政治利益，还包括个人层面的物质利益和精神利益。追求公共利益是高校教育管理创新的核心价值理念，是我国高校创新的前提和出发点，是调和权利主体追求共同目标的指导原则。

四、质量至上理念

高校教育创新理念是与时俱进的，其中质量至上的学习理念是源于首次世界高等教育大会的两份重要文件，作为其中的核心理念，联合国教科文组织认为高校教育质量是多层面的概念。概念涵盖了两方面内容，一方面是"层次"的问题，指的是高校教育质量是多层次的质量的统一体；另一方面是"方面"的问题，指的是高校教育质量是多方面的质量的综合体。

高校教育的系统类型通常被划分为研究型高校、教学研究型高校、教学型高校和高职高专高校。每个层次的高校所追求的质量标准和人才培养方式以及学习理念都是有差别的，这种差别本来是基于学科、专业、学术自身特点而形成的不同的质量要求。随着高校社会资源的有限性分配和政府资源集中性支配的模式演变，我国高校分门别类的层次出现了雷同化和趋同化特征，高校教育质量的层次差异化被高校自身建设发展所消弭。但社会发展过程中的社会分工和资源专属性越来越明显，对高校教育质量层次的需求面被极大地拓宽，高校教育质量层次化不明朗造成了高校就业环境恶化。解决高校教育质量层次化发展的途径除了政府统筹外，最重要的是高校自身定位。高校历史积淀文化内涵，文化内涵塑造高校人文，高校人文成就高校精神即校训。高校教育创新中的按教育规律办学就是对高校文化传承和高校人文环境自主办学的认可。高校教育多方面质量包括学生的质量、师资水平，还包括图书馆的利用率、学术讲座的质量水平、高校后勤质量服务状况以及学术环境的自由民主氛围，等等。

这就需要高校树立质量至上的学习理念，从教学目的、师生角色、教学内容、教学模式、教学方法、考试方法、教学观等多方面进行改进。例如提升学生的社会责任层次，注重决策观念和技能培养；以学生为本，重视知识的接受和应用及主观能动性发挥；发挥学生主体学习地位，主动探索学习兴趣和努力方向；加强教学内容的基础性，提高教学内容的深度和广度；发展学生个性，激发学生的发散性思维和创造性思维；激励合理竞争，活化教学方法，注重社会实践；拓宽学科的社会研究对象，关注科学前沿知识，拓展学生眼界，提高学生驾驭知识能力，用知识质的提高应对量的增加。

第二节　高校教育把握职能定位

高校是实施高校教育的社会组织，主要功能是做学问、传授知识和服务社会。结合我国悠久历史文化传统的特殊需要，我国高校可以归纳为"人才培养、科学研究、社会服务、文化传承创新"四项基本职能。从四项基本职能中可以归纳为教书育人是目的，科研输出是手段，个性发展是理念，服务行政是模式。

一、突出育人

高校教育承担着人才培养、科学研究、服务社会、文化传承创新四大职能任务。推动高校教育内涵式发展首先需要处理好人才培养与科学研究的关系。人才培养是高校教育的根本使命，在四大职能中居于核心地位，包括科学研究在内的高校一切工作都要服从和服务于学生的成长成才。人才培养的是人才素质，包括人格、知识、能力和体质，即"德智体美"。高校的核心功能是培养全面而自由发展的人才，塑造符合我国发展的合格的社会主义建设人才，这是我国高校现代化建设的社会使命和至上原则。实现核心功能的途径便是知识传授，因此二者归纳为教书育人。"高校之道，在明明德，在亲民，在止于至善。"培养专门人才是高校教育的本质特征，突出创新能力培养，进行科学素养和人文素养的融合，造就全面发展的人才。

首先，建立以学生为服务之本的高校教育质量评价体系，把高校教育的传授重心放在学生身上，从关注学生成长和体验出发，将学生自主学习知识和全方位考察评价授课质量等确定为高校教育教学评估考核的重要内容。培养学生具有开拓精神、竞争能力，具备复合型知识，满足市场经济发展需要。其次，高校教师有必要参与社会实践，加深自身对社会需要的亲身体验，打破高校教育内部自我封闭的认识局限。高校教师学者的社会需求体验和实践一方面可以提高学者解决实际问题的能力，丰富教学素材，将社会急需技能传授于学生；另一方面可以使学者和学生对社会需求的认知更为切合实际，注重学生创新能力观念、终身教育观念、基本学习能力观念的培养，以及以学生为本的教学创新。最后，高校必须研究社会需要的各级各类各层次人才的素质结构和能力，为人才的社会输出提供品德培养、技能培训、智力保障、素质完善，以实现知识价值的社会转化效能，实现科学技术是第一生产力的理论与实践的无缝对接。

二、注重科研

高校教育的职能是在社会发展需要的基础上形成的，是社会赋予高校教育的任务和职责，是高校教育与社会之间关系的集中体现。高校作为我国科技创新的生力军，是科研竞争的前沿阵地和国家综合实力展示的重要内容，高校科研输出是确保高校人才培养、社会服务和文化传承职能的重要保证。

高校科研输出的最大化取决于高校科研管理人员的自身素质建设，涵盖知识素质、管理素质、伦理素质和服务素质等，这都需要高校完善的科研培养培训机制为保障，赋予科研管理成果转化享有权，激励科研输出的主动性。科研管理职能在通过社会输出实现科技转化的过程中需要努力实现四个能动即能动策划、能动组织、能动跟踪和能动管理。强化科研课题设计和项目申报策划，强化科技成果转化和报奖的策划意识，强化科研部门跨学科的创新团队组建，强化社会合作企业的技术成果转化平台推广，强化科技推广的跟踪机制，强化基础研究与应用研究的有效融合。高校需要牢固树立人才培养必须以高水平科学研究为支撑的观念，鼓励教师重点开展有利于提高教学质量、推动理论创新、服务经济社会发展的科学研究，并将研究成果及时转化为教学内容。还要正确处理好科研与教学的关系，树立科研为教学服务、科研和教学为社会服务的意识，提高高校的科研实力，提升高校的知名度和学术的名誉度。

三、坚持个性发展

从本质上讲，高校管理是知识和科技的创造性组织，尤其是在我国高校教育管理创新的社会环境形势下，高校管理需要开拓进取的创新精神。只有创新精神才能塑造和铸就具有内涵式发展的高校，从而培育出个性发展的个体和团体。

从个体层面来讲，学生乃至学者，需要保持个人的思想独立、学术自由、民主平等。个性既是个体的整体精神面貌，还是个体独有的心理特征，个性发展是个体独特性、创新性和主体性的实现过程。高校个体培养理想、健全人格。在个体的短期目标、中长期目标和远大理想树立和实现过程中，将个人价值、社会价值融于一体，通过高校文化载体和高校学术载体输入和输出，经过高校个体的努力奋斗和高校平台的支撑，致力于服务国家和社会的目的。培养集体荣誉感、团结合作精神、努力拼搏意识、热爱生活态度、严谨求知志向、无畏探索倾向、全面发展思路等个性心理特征，培养人文素养、社会责任、道德良知、兴趣爱好、体育活动等社会人格要素。高校个体培养创新意识和创新能力。个性发展是创新精神的基础，创新精神的目的是以人为本，以人为本的核心是个性发展。经过对高校教育知识接触、传授、探索和考究，高校个体结合个体兴趣和喜好，通过对知识真理的探求，势必带来创新活力和创新意识及能力的注入，高校个体的事业心、责任感和使命感便在个性的培养过程中自然而然地形成。高校个体拓宽眼界、开阔思域。高校个体借助高校知识平台和高校教育交流计划，能够把握世界最先进知识的前沿，了解人类发展困境中的障碍，接受国内外先进思想知识的洗礼，总结归纳个体立志追求的方向，树立个体人生崇高理想的目标。高校个体活力四射、自我约束。高校个体在身心健康发展的同时，抵御社会思潮的诱惑，完善自我约束，注入时间和精力，运用年轻活力和创新精神，争取个人价值的实现和社会价值的体现。

从高校层面来讲，高校需要树立自身的教育特色和人文底蕴。一是丰富高校自我精神。挖掘高校的历史文化传统，吸收现代高校的办学理念和思想精华，传承高校精神，明晰高校使命。二是树立高校独特观念。秉承高校校训，加强每届师生的校史教育，学习高校学术大师、学术大家的人格魅力和开创精神，尊重师德，传承高校先辈的奉献精神和学术追求，强化本校的责任感、荣誉感。三是健全高校文化制度。完善高校章程，推行制度创新，将高校精神和高校行为文化融入制度设计中，体现到师生行为中，用制度督导高校文化的自我渗透。四是完善高校标识建设。充分利用高校的校旗、校歌、校徽等文化符号的视觉效果，制定高校标识使用规范，开发设计高校独特的文化产品。例如高校信笺、邮票、台历、纪念品、纪念册、公文样本模板、校务公示样板、高校录取通知书、成绩单和奖励证书等。五是创新高校文化载体。运用高校事务如校庆、运动会、毕业典礼、新生入学等仪式，弘扬和传播高校独特文化内容。创建高校品牌的学术讲座和高校名家论坛，丰富高校文化内涵建设，通过高校文化载体如网络论坛、图书馆、教学楼、校舍、校内微信、学生社团等，营造高校全面丰富而又个性鲜明的文化氛围。

四、着眼服务行政

服务行政是由原来的计划经济向市场经济转变过程中关于行政法的定位和作用的指导理念。相关学者认为我国行政现代化的目标取向在于建立市场的政府行政，使公共行政国家权力的载体过渡为公众提供服务的实体。高校"服务行政"是指高校行政权力以高校全体师生员工等高校利益相关者的真实需求为服务风向标，为其提供创新满意服务为首要职能，不断完善服务保障制度和服务体系的管理模式。

高校服务行政必须转变为"以高校章程为中心"，从"管制行政"转变为"服务行政"。遵循有限性、法治性、民主性和有效性原则，树立以人为本的理念，重视高校学术权力的诉求，增强服务意识；通过沟通与协调的民主平等对话机制，致力于高校教育质量发展，推动高校学生的全面发展，紧密联系高校与其他社会组织的交流与合作；设计符合现实需要的行政服务管理制度，将高校自由发展权力归还于高校权力各主体，最终实现行政权力与学术权力关系的有效融合、行政权力与学术权力的相互信任、行政权力与市场权力走向良性互动。

高校服务行政必须协调学术权力与行政权力的相互关系。二者的合理性需要兼顾。学术权力的独立行使是高校学术自由、民主管理、公平公正的建校根基；行政权力的管理履行是高校管理效率和运行秩序的基本保障。二者只有实现动态平衡和互助共享才能实现我国高校自主发展的目的。二者权力边界需要明确。根据高校章程，建立相互分工、互相合作、相互制约的关系。二者作为高校权力系统的内部构成要件，学术权力作为高校权力的基础，行政权力必须为学术权力服务。高校的政治权力创造组织体制保障和构架，行政权力是"制度性权力"，学术权力是"权威性权力"，行政权力需要通过制度设计确保学术权力应有的地位和权威，实现政治权力的问责协调定位，达到高校教育内部权力运转的畅通。

第三节　高校教育构建权力结构

高校教育管理创新作为一个系统工程，相互制衡的权力结构的构建是该工程不可或缺的子系统之一。对于整个高校教育管理的大系统来讲，内部与外部两个环境相互作用。外部环境包含诸多因素，比如国家和政府调控、人民和社会需求，等等，但在这诸多因素之中，市场是核心和关键。经济体制创新是全面深化创新的重点，核心问题是处理好政府和市场的关系，使市场在资源配置中起决定性作用和更好发挥政府作用。让市场行使参与权是抓住外部环境中市场的关键，是发挥市场在高校教育资源配置中起决定性作用的重要举措。

一、参与权

从历史发展过程来看，市场权力在我国高校发展过程中处于遮蔽状态，主要通过学生报考志愿、报考专业、大学生就业等途径展示市场权力对高校发展的影响力，相对乏力。从历史发展趋势来看，市场权力在我国高校管理创新过程中发挥越来越大的软实力，持续走强。改革开放以后，市场就开始逐步渗透到我国高校发展中，经过多年的发展壮大，市场力量已经明显显现。比如，逐渐形成了以公办高校为主、社会各界广泛参与、公办高校和民办高校共同发展的办学体制，实行市场机制的学费制度、就业环境和人才竞争；我国高校的专业、课程设置不断重视市场需求，公办高校与私立高校的竞争也风生水起。市场经济发展大潮中的经济意识、主权观念、竞争意识、自由精神、宽容态度、平等观念和共赢博弈正在我国高校不断上演。市场权力的构成主体宽泛且多元，是我国高校自我体系外的多因素综合体全方位展示，有国家需要、社会需求、市场刺激，也有国际化和全球化过程中的不断要求。市场权力的参与权主要通过以下三方面行使。

首先，市场权力要求高校教育服务质量贴近现实需求。我国高校毕业生数量在不断增加，近两年增速略有下降，但总量也创历年新高，毕业生就业压力大已成为不争的事实。学生就业情况严峻，高校的教育质量需要更加适应市场的需求和变化，重视学生参与市场经济活动的能力和条件，摒弃盲目以我为主的办学理念和不求思进的教育观念，需要发挥政治权力在我国高校发展中的调控权。

其次，市场权力要求打破创新高校教育服务。随着我国经济发展的不断进步和我国居民家庭支付能力的不断提高，高校教育资源作为最有潜力和最有回报的市场，对外交流的范围和深度正在我国不断增大。根据相关部门发布的数据显示，我国高校教育资源的人才流失情况正在不断加剧，而我国高校教育创新服务主要还是由"211"和"985"高校所垄断。如何破除教育资源的垄断，实现全社会高校教育资源的广泛交流，提高我国高校教育的世界影响力显得非常重要，这就需要发挥学术权力在我国高校发展中的专业权。

最后，市场权力要求高校信息透明公开。信息公开是把知情权、参与权和监督权结合在一起。产品的质量信心可以激励生产者投资于质量改进，进而更好地在市场上进行竞争，近年来陆续有单位或团体发布我国高校排行榜，这种全面丰富的"消费者导向"排行信息公布，需要我国高校的高校声誉、学生保持率、学术研究成果、专业排名等多维度和多指标的权重展示，这些事关高校教育质量信息的大量公开需要我国高校行政权力发挥管理作用和调控作用。

二、问责权

高校教育所倡导的机会公平和社会公正既符合当代社会的发展趋势，也体现了高校所具有的政治性特点。

首先，明确党对高校的领导地位。是国家权力在高校中的具体展示，决定着高校发展的基本性质，决定着高校人才的培养目标以及高校人才培养标准等重大课题。有关文件明确规定："国家举办的高等教育实行中国共产党高等教育基层委员会领导下的校长负责制。"党委领导下的校长负责制是我国高校的管理特色，确保培养合格的社会主义事业人才，更好贯彻党的教育方针。这也是明确规定的高校内部管理体制。其次，确保高校相对独立的办学自主权。高校政治权力实际是政府权力在高校的延伸和扩展，改变全能政府的管理理念和态势，向服务型和有限型职能转变，赋予高校办学自主权，坚守应尽的权利和义务，政治权力不越界。最后，创新高校政治权力观念。在公共管理理念盛行的当下，我国高校的政治权力主体校党委也应顺应时代要求，树立宏观调控理念。校党委将不再以行使权力者的身份来治理高校，而是充当合作者的身份。由事无巨细的微观管理演变为关注所有权力和权力主体的利益，鼓励教师、管理者、行政人员、学生、学生家长、社会用人单位、校友等人士参与高校治理，建立广泛吸纳各方利益的代表参与治理机构，使这些利益相关者平等参与高校治理。可以探索新模式来调控高校行政权力运行和保障学术权力自由，通过市场权力的检验和反馈，创造符合时代要求和国家发展所需要的特色高校。

三、行政权力

行政权力是确保高校运行效率和运行秩序的必要机制。高校行政权力管理权划定是为行政权力在高校运行过程中设置合理的权力边界，即通过以校长为首的行政管理人员的管理工作，提高高校履行职责的效率。高校的行政权力以校长为代表，主要体现在行政组织协调工作，其管理目的、管理运行方式及管理结果反馈都要求校长为代表的行政权力具有高校大局观，保证整个高校的运行有序，正确发挥高校"办学者"作用。高校行政权具有一元性特征，一所高校只能有一个行政权力系统，权力的运行是自上而下逐级实施，最后实现行政权力的目标。高校办学规模的不断扩大和内部管理的日益复杂都对行政权力的发挥带来了挑战。

高校的行政权力致力于实现人才培养、科技进步、社会服务、文化传承创新四大职能，可以通过两个方面来实现。一方面，代表国家和政府管理高校，发挥管理者职能，主要通过科研、教学来实现合格人才培育、人才智力发挥、研究型与实践型科技成果孵化等社会价值实现过程输出；另一方面塑造高校内部自我管理的掌控者形象，主要通过协调组织机构运行、完善自我管理模式、提高高校内部资源配置、构建高校特色文化底蕴等自我价值实现过程流转。上述行政权力管理职责活动原则必须以高校政治权力为依托，以学术权力为基础，以市场权力为标杆，实现高校的内涵式发展。高校行政权力履行要摒除高校行政化中不利因素，坚守高校管理章程所限定的管理权限，强化高校行政权力的服务意识，创造高校学术权力充分发挥的制度环境和人文环境，实现高校与政府、社会、市场的和谐共处。

四、学术权力

学术权力是高校精神的体现，是高校内在逻辑的客观要求，是高校本质特征的外化，也是建立现代高校制度的核心。学术权力是以高校学术委员会为代表，参与主体是高校教师，主要依靠学者自身的权威、采用自上而下的运行方式是高校权力的基础。学术权力意味着在招生、考试、毕业和科研等方面拥有不可动摇的地位，就是让最有资格学习的人进入高校，了解他们是否掌握了知识，是否应该获得学位，是否有资格服务社会。行使专业权至少包括高校的课程设置、教学自主权、教育评价权和文凭认定权，这就需要高校成立学术委员会、学位评定委员会和教学工作委员会等高校内部团体组织来实现学术权力的独立行使。

（一）学术委员会

由科技处和研究生部负责人以及各学院和重点实验室具有正高级专业技术职称的代表组成，承担学术决策作用，包括学术水平评价、科研项目申报、科研项目评审、学术道德评审、学术规范教育、学术诚信教育、学术不端行为审查等职责。

（二）学位评定委员会

以学科分布为主，由科技处和研究生部负责人，以及各学院和重点实验室具有正高级专业技术职务的代表组成。承担学科学位评定作用，包括审议学位点申报、学位授予、学位撤销、指导教师审查等职责。

（三）教学工作委员会

审议高校教学工作规划和重大教学创新方案，指导全校教学工作；审议高校专业建设、课程规划、教材编订、实验室及实践教学基地建设；审议教学奖项评审，推荐各类奖学金；审议高校教学管理规章制度；审议高校教育教学研究及项目课题申报；开展教学调研等。

学术权力肩负大学生态系统中的特定组织使命，力求实现教学自由、学习自由、研究自由，与行政权力一并主导高校内部事务的决策，尤其对行政权力干扰学术自由权的行为活动必须坚守持之以恒的学术理性和自由平等的学术资格，重视学术权力的基础建设和学术人才的自我权益保护。

第四节　高校教育健全机构设置

高校作为一个组织存在，组织架构和制度安排必不可少。我国高校创新基于创新理念和职能定位以及对权力结构制衡的思量，在科学合理决策体制之下，需要实施合理的机构设置满足创新的需要。正确的创新理念要求机构设置多元化和民主化；精准的职能定位要求机构设置简约化和扁平化，建立科学合理的横向组织机构；制衡的权力结构要求机构设置制度化、规范化和程序化；科学的决策体制要求机构设置开放化和时代性。我国高校的机构设置主要包含决策治理机构、行政执行机构、学术自治机构和监督反馈机构四大类。分别是高校政治权力、行政权力、学术权力和市场权力职能行使的载体，是权力运行有效的制度安排，是高校创新理念的现实选择和职能定位的理性判断。

一、决策机构

由于我国高校的政治权力与行政权力被统一为行政权力，政治权和行政权的权力制衡使得决策机构和行政机构必须相互独立。实际上，我国公办高校目前还没有成立专门的决策机构，即高校决策联席委员会。高校决策联席委员会包括：高校党委、教育机构代表、教师代表、学生代表、校友代表和社会知名人士代表等。高校决策联席委员会不介入高校具体管理过程，根据高校章程对行政权力的越界行使阻止和学术权力的违章问责以及二者权力冲突的调和。高校决策联席委员会的召开程序和成员构成及决策制定和实施均由高校章程规定，是高校总体决策和方向性、政治性的决策机构。

二、行政机构

高校的行政执行发起人是校长。校长办公会包括校长、行政各处处长，主要针对高校内部事务进行行政执行，召开的频率更高，参与执行的人数更多，执行的效率更高，关注的对象更细，主旨是服务高校、服务师生、提供保障。校长办公会的常设机构是校长办公室，组织、安排和协调校长办公会的召开、高校事宜以及对外事项发布。在高校章程的制度安排下和政治权力的委托代理关系下，成立以校长为首的行政执行机构。下设人事处、财务处、医务处、总务处、就业处、保卫处、外联处等校级层面行政服务保障机构和各学院里设置的院级层面行政服务机构，学院办公室由辅导员、学院行政主任等行政人员构成。

三、学术机构

在高校章程的制度设计和保障下，成立学术委员会、学位委员会和教学委员会三高校术自治机构。分别设有学术工作部、学生工作部和教学工作部，管理高校的图书馆、电教中心、实验室和出版社，涵盖高校学生的招生、录取、选课、学术活动、学生活动、学习安排，等等。高校各学院也分别成立以上学术工作部、学生工作部和教学工作部的下属机构，自主管理高校师生的学习、活动、学术、科研和对外交流。高校各学院院长是学术型人才和管理才能的代表，是学术权力的代表，不依附于行政权力而自主实施管理，以三会的内部宽松的学术氛围和松散的组织形式来满足本院学生对德智体美等各种技能的学习需求。

四、监督机构

在高校章程的制度设计和权力制衡体系中，成立校友会、校企联合会、工会、纪律检查委员会和审计监察处等监督反馈机构。监督反馈不受行政权力和学术权力的影响和制约，有向高校政治权力，即高校决策联席委员会提请重大事项审核和问责的权利义务。监督反馈机构既要监督反馈行政执行机构的机构设置和职责行使，也要监督反馈学术自治机构的机构设置和职能监督，配和高校决策治理机构做好高校自主发展的协同作用。

第五节　高校教育保障运行机制

高校是一个系统，由高校内部、高校领导人和高校外部三个组成部分。高校外部是高校实现善治的外部环境；高校内部是高校善治的结果；高校领导人是连接高校内部善治与高校外部参与反馈的桥梁，校长产生机制又受到高校外部和高校善治结果的影响。

高校内部运行机制，体现决策、执行、监督的组织结构：高校决策联席委员会、校长、学术委员会。①高校决策联席委员会：利益相关者组成，决定高校的战略与发展；②校长：战略执行人，行政首脑；③学术委员会：战略和运行结果的监督者。这三者通过政治权力、行政权力和市场权力相互影响制约，相辅相成，合作共存。高校外部运行机制，主要指高校外部资源的获取机制，例如高校党委、学术委员会、学位委员会。主要资源包括资金、资源和人才。获取方式既可以是通过市场竞争，也可以通过行政分配。所以，高校外部运行主要涉及的是高校与政府、社会的关系；评价标准是高校能否机会均等获得外部资源，特别是政府公共资源。高校外部运行机制合理与稳定要依靠法律和法规，即通过法治来实现。具体来讲，运行方式的高效有赖于科学决策体制的建立、和谐外部关系的营造和有序内部关系的理顺。

一、优化机制设计

决策体制是决定运行机制是否高效的前提和基础，优化机制高效运行的顶层设计，就是要探索高校决策体制的范围、决策内容以及决策实施等活动，决策体制要服务高校办学定位和高校精神，决策内容要针对高校办学自主权和办学风格等宏观层面，决策实施要配合管理制度和高校章程的具体规定，决策机制要结合高校内部权力运行机制而布置安排。其中高校办学模式和办学水平的确立是决策的核心与前提。

行政化高校管理模式下，高校决策体制是高校政治权力与行政权力统一成高校党委领导下的校长负责制，完全听命于所属政府机构，不论是高校创办、校长任命、高校经费来源乃至高校教学科研等具体决策内容。同时，高校内部决策系统主导高校发展，也是基于科层制的管理模式，实行"校——院——系——室"四层管理，部门负责人实施行政长官负责制，隶属关系明显，实施行政权力运行的组织结构。政府主导的高校决策体制，高校内部运行来自政治权力意志表示，高校内部评价标准和依据也是政治权力价值标准和权力价值依据的再现。我国高校教育创新正是基于创新行政化高校管理决策体制和建立现代高校制度的出发点进行，探索建立符合高校特点的管理制度和配套政策，逐步取消实际存在的行政级别和行政管理模式。为了解决党委领导下的校长负责制决策体制带来的政治权力和行政权力泛化，规范权力运行，推行专家治学，鼓励决策参与，需要重构高校内部决策体制。

首先，完善高校党委领导下的校长负责制，深高校决策联席委员会和校长负责制两个决策体制。高校党委和校长的民主集中制决策体制可以深化为高校决策联席委员会和校长负责制两个决策体制以避免政治权力和行政权力的混淆和结合。高校党委作为高校政治权力的核心，其权力来源于国家，在高校中处于领导地位。我国高校党委肩负重任，总揽全局，协调各方，统一领导，主要是把握正确的高校办学思路，确定高校办学目标，明确高校办学任务，体现出我国高校的四大职能。高校决策联席委员会职责很明确：遵守高校章程，把握高校方向，抓好大事，做好协调沟通。该委员会不设实体机构，仅设高校党委作为实体组织，负责委员会的召开、组织、成员资格审核、会议发布等具体工作，为高校决策联席委员会服务。不参与、不干涉、不过问高校内部管理，只负责行政权力越权纠正（高校章程）、学术权力与行政权力调和、政治权力问责权行使。我国高校校长作为高校的法定代表人，在高校章程的明确界定下，积极行使行政职权，全面负责高校的内部管理和组织建设。

其次，提升学术权力，体现高校精神。我国高校决策体制的健全与否最重要的课题是培育学术权力的权力地位，成为行政权力的平等制衡权力。学术权力的主体是学者，按照高校章程，保护学者个体学术权力的学术自由，使学者成为自身学术工作的主导者和发起者，不依赖于行政指导，靠市场权力奠定自身学术权威。根据高校章程，建立自我评价和选拔机制，实施扁平化、非集权、松散的自主管理模式，通过学术机构(三会)即学术委员会、学位委员会和教学委员会来主导和行使高校学术权威，实现学术自由。

最后，推动制度创新，树立高校章程崇高地位。民主和法治是时代进步的标志，更是高校发展的基础，建立现代高校制度就是要保证高校的学术自由，营造兼容并蓄、和而不同的学术环境和氛围。高校章程是高校的最高法则标准和权力界定规范，是现代高校制度的最重要载体，也是高校政治权力、行政权力和学术权力的关系和纽带，涵盖信息公开制度、质询制度、人事罢免制度、问责制度、激励制度。针对高校校长负责制下的决策体制，需要遵守依法治校、民主管理，这是社会主义政治文明在高校的集中体现。具体表现为：第一，行政决策主体参与多元化。广泛鼓励高校师生参与高校的发展和建设，使决策科学化、规范化和专业化。扩大高校教师的权利，教师拥有自主治学权和参与决策权等相关权利；要提升学生在高校内部管理中的地位。学生是高校决策的利益相关者，学生应该而且有能力参与决策；适当削弱行政人员的权力。充分吸收校外各界人士参与高校决策，实现高校管理民主化和治理多元化。第二，决策过程参与民主化。推行校务公开，既要公开决策过程，还要公开决策结果。根据高校章程管理办法对凡涉及师生员工切身利益、需要师生知晓以及高校管理规章制度等事项，均应通过高校的网页、网络论坛、校报、公示栏、微信等媒体媒介及时准确公开。第三，决策反馈沟通协调。建立决策事前意见征集、决策流程沟通、决策意见诉求归集、决策结果反馈改进等机制。保持信息流沟通顺畅和回应解答及时。

二、营造机制外部环境

机制高效运行环境的构建主要着眼于两个关系的处理，一是与政府的关系，二是与社会的关系。和谐外部关系的营造一方面要弱化政府与高校的关系。首先，从高校的本质属性来看，政府与高校的监管与被监管的角色定位需要重新审视。高校是国家教育发展的重要组织，基于高校教育事业的公益属性，政府作为国家的管理机构必须对高校进行监管活动。政府监管权与高校自主权是我国高校教育管理中的一对矛盾体，过多监管势必扼杀高校自主权，过分放权也将难以保证高校发展的正确走向。为了实现政府监管权与高校自主权之间的适度平衡和职责定位，需要弱化政府在高校发展过程中的直接监管权力，转换成契约形式的制衡监管较为合理。

现代政府理念主张有限政府、法治政府和服务型政府，目前我国正处于事业单位创新的攻坚阶段，我国高校按照相关文件中的事业单位类别划分，承担高校教育等公益服务，划入公益二类。这就意味着高校的公益属性和市场属性需要被同等重视，要发挥市场配置资源在高校教育发展中的作用。在市场经济条件下，我国高校不可能脱离市场而存在，高校中的市场因素已经开始显现。例如，教授聘用的价位已经远远超过政府对高校教授事业单位编制工资的限制。同时，高校也不能被市场掌控，不能完全推向市场，不能失去培养高素质人才的公益目的性。为了保证高校发展不脱离社会主义的方针政策，最终实现国家人才培养计划的国家利益，政府对高校的监管是必要监管。必要监管即由政府直接管理转为间接管理，由微观管理转为宏观调控管理，由严格从属地位管理转为平等契约制衡管理。政府通过明确的权利义务内容来监督约束高校，就可以达到政府与高校的适度平衡。

从高校的发展历程来看，政府与高校的教育行政管理模式需要变革。我国高校在整个构成和运行方面与行政机关的体制构成和运行模式有着基本相同的属性。我国高校接受政府行政管理的统一模式、统一标准和统一步调，自上而下进行建设和发展，形成了高校办学自主权的本末倒置。高校内部行政人员成为高校运行的核心，教学科研人员缺乏了对高校的支配权，导致高校主体相对不完善。

为了确立高校学术权力本位，实现高校行政权、学术权和民主管理权相互制衡和监督，改变高校作为政府附属机构的历史地位，需要转变教育行政管理职能。政府不能使其行政权力触及高校的内部管理事务中，政府需要充分尊重高校的独立主体地位。政府只需要在高校自主权的约束方面进行教育目标、教育质量、人才培养、教育经费等方面进行详细约定。允许高校自主制订教育计划、自主开展科学研究、自主确定内部机构设置和人员、自主管理和使用财产。政府对高校的管理主要职能是制定高校教育发展规划、进行宏观调控、提出指导建议等，不干涉高校内部事务，从而形成合作关系。有的学者认为市场经济环境下国家对高校教育的干预和调控活动是市场调节机制的一个必要补充手段，其目的是完善高校教育的管理体制和运行机制，其性质属于宏观性的第二次调节。

营造和谐外部关系的另一方面是要密切高校与社会的关系。高校作为知识组织，其职能在于通过教学传承知识，通过科研创新知识，通过社会服务应用知识。传承知识、创新知识、应用知识都是服务于学生和社会。塑造学生人性、完善学生人格、培养学生技能从而为社会发展提供智力支持保障是高校的崇高使命。高校的外部运行机制包括政府、家长、社区、教育机构和就业市场等多因素对高校发展和决策的资源交换和流通，在独立政府作为高校产权代理者的身份属性前提下，弱化政府与高校的关系，高校通过何种方式和办法加强其他社会资源的获得和输出成为高校发展的集中指向。

高校与社会的关系在不同的社会发展过程中呈现不同的表征，从农业时代的社会体系之外到工业时代的社会体系边缘再到知识经济时代的社会中心，高校与社会互动发展、渗透结合、共赢共存是源于二者的交集。高校的科技创新和人才优势能够形成产业化和信息化，这恰恰满足了社会自身需求，在社会区域经济发展、产业科技进步和谋求发展的基础上产生互动。互动的内涵包括合作项目、教育基地、继续教育工程、工程研究中心、远程教育、科技园、绩效技术和管理理念等多方面。高校教育不断适应社会发展的要求是二者互动的动力基础，合作共建联合机构是二者互动的运行保证，通过政治、经济和法律手段进行调控落实。现代社会与高校的关系概括为社会需要和资源输送来满足高校内部发展，高校秉持开放、自由、民主的精神充当社会前进的精神导师。

但是高校与社会的密切联系是建立在高校独立自主办学的前提下，即高校是为社会服务的教学科研中心，不是社会中企业的一分子，高校办学自主权、财政自主权是基于政府投入和问责调控，不会用市场规律来主导高校发展。高校对国家和社会的文化和精神等无形资产以及基础知识研发和社会公共利益至上的教学理念是高校必须坚守的阵地。与此同时，社会对高校的认同和资源投入是有条件的，要求更多的社会参与和决策反馈。

高校与社会的这种"若即若离"的良性互动关系可以表述为："若离"是思想、理智活动的独立和对高校外部运行机制保持相对独立；"若即"是高校与社会密切联系，互融互洽。高校与社会的良性互动主要表现为，一方面，社会是高校的外部环境和基础，高校以社会为存在前提，汲取社会文化和社会资源完善自身；高校的人才培养和科技输出对象是社会，以满足社会需要和人类发展为社会价值追求。另一方面，高校作为社会的中心力量，指导社会体系的健全和完善，同时接受社会体系的适度介入和环境影响。

我国高校教育管理创新中的运行方式需要接纳高校与社会的"若即若离"的良性互动关系。高校毕业生要在生源市场、教师市场和院校市场中保持竞争力，高校必然要提高学术质量，采用最有效的学术管理办法，否则就会面临生存的危机。考虑到学术知识的复杂性和动态变化性，我们认为在竞争性的学术市场中专业的自我管制仍可能是最有效的保证学术标准的方式。同时社会融合到高校教育的知情选择权、参与权，能够从多层面和多角度参加高校决策和高校管理的具体工作，完成平等地位的参与权，使个人和社会利益与高校团体利益形成利益共同体，促进高校与社会的和谐发展，形成开放、负责、宽容和平衡的互动状态。

三、建构机制内部设计

高校教育管理创新运行方式中的关系理顺中，内部关系是创新成功的重要保证。高校管理根本上是以学术为中心的管理，其目的是促进学术的发展。学术管理的基础是学术思想的自由和探索的自由，发挥学术权力的主导作用，贯彻学术自由、民主管理的原则，在高校内部营造民主的宽松的学术氛围，为科学创造提供良好的学术环境。理顺高校内部关系主要是协调行政权力和学术权力的关系，落实高校办学自主权，遵照高校章程，依赖高校内部合理的机构设置，实现高校善治。本质上来讲，理顺高校内部关系是多中心化治理过程。

首先，健全和完善高校章程。高校章程是高校内部权力运行的法制基础，是高校内部权益相关者制度化规范文件，是高校管理运行纲领性指导。高校章程必须对高校内部政治权力的问责权的行使、行政权力行使管理权的界定、学术权力行使专业权和市场权力行使参与权等相关制度性规定落实，为高校管理创新提供法律依据。其次，优化高校内部决策权力结构，确保学术权力在学术管理中的主导作用。明确三会(学术委员会、学位委员会和教学委员会)的具体职责，行使学术范围内的决策、管理、监督、实施和咨询职能，加强三会组织建设、人才建设、制度设计，依据高校章程坚守学术道义、高校精神以及校训。建立质量为上的学术评价制度，建立公开、透明、公正、严格的聘任、晋升、科研激励制度，让学术管理回归学术本位。凸显严谨求实的学术态度和风气，确保学术评价活动的独立自主评议。再次，完善高校校长负责制，提高行政管理水平。依据高校章程，完善规范高校校长行政权力的行使范围和权限，使其专注于服务学术、服务学生和服务高校的目的。高校校长具有教育管理能力和现代管理能力，行使对高校行政事务的全权处理，接纳吸收市场权力的决策参与咨询、意见反馈，公平处理校务与学术的从属与主体定位纠纷，尊重学术、尊重教授、重视人文建设。促进高校内部组织机构设置扁平化，提升行政管理人员的服务意识和业务技能水平。完善高校人事制度、后勤管理制度、财务管理制度、信息管理制度等行政管理具体制度。

第三章
高校行政管理及改革创新

第一节　高校行政管理理论基础

随着我国高等教育的不断发展和高校教育体系的不断改革，高校对行政工作的要求不断提高，行政工作的有效性会影响教学质量和校园其他工作的质量。因此，行政工作的有效性对高校教育的全面发展至关重要。

一、行政管理的含义

行政管理的狭义含义是指国家将权力用到治理社会事务活动之中。现代行政管理的广义含义是指社会中的一切团体和组织对其事宜执行和管理的工作。在现代行政管理中，多数是将系统的工程方法与思想结合起来，以降低人力、物力和财力，乃至时间的浪费，最终提高行政管理的质量和效率。

我国高校的行政管理主要是从事科研活动和非教学的行政管理机构所进行的管理活动，相对于高校的教师和研究人员来说，他们大多是管理者。也就是说，他们的权力来源于政府对教育的行政管理。高校主要是以科研和教学为主，行政管理主要是起到辅助性和保障性的作用，是高校管理不可缺少的一部分。

高校的行政管理是高等院校特有的一种管理手段。通常，高校一般都有自己的一套高校行政管理系统，高校的行政管理人员要履行其指定的系统来完成高校的各项管理工作。政府在对高校的监管上，主要是采取指令性的手段来进行监管和检查。

高校为实现其在教育上的目标，必须要充分利用可以利用的资源，运用较为灵活的工作手段，制订完善的制度。既要达到预期的行政工作效果，又要保障其管理职能能够顺利地进行。高校行政管理的主体主要是指管理层的领导和具体执行命令的行政工作人员。高校的人力、教学和物力等其他资源，根据教学科研需要和高校发展目标，经过行政管理的协调安排，达到效率的最优化，实现高校各项工作的顺利进行，推动高校的健康、长远发展。

二、高校行政管理的内容

我国各高校的行政管理内容主要包括以下三方面：

(一)协调好学术与行政之间的关系

高校要对行政人员和学术人员进行剖析，妥善处理行政管理的高层、执行人员与教师、教授以及学生之间的关系，更好地进行高校行政管理工作，服从服务于教学、科研和学生的成长发展。

(二)配置好部门的功能

高校的行政管理部门的设置，离不开其执行上的各大功能。所以说部门与功能之间的关系是做好行政管理的关键。高校的管理部门在设置上一定要注意，高校的行政管理部门的功能不能重复配置，其功能要具有科学性和合理性，功能要和岗位相符合。高校行政管理部门的功能如果不匹配，权力产生重叠，行政管理工作就会出现混乱现象，就会严重影响行政管理工作的效率。所以，要切实处理好行政管理部门的功能问题。

(三)协调好职员结构和改革管理之间的关系

高校的职员结构和改革管理之间的关系，是高校行政管理的中央内容。高校的行政管理改革，通常离不开对行政管理人员的队伍进行改革。如果出现行政管理人员的队伍过于庞大，在管理中就会出现很多的问题，甚至会出现行政管理工作停滞的现象。整个高校的行政管理队伍结构越是精炼，职能分配越是清晰，越能达到预期效果，越能激发出行政管理人员的工作热情和创新精神。

三、高校行政管理的职能

高校行政管理的职能主要来源于政府教育行政管理职能。高校的行政管理职能可以大体分为统治职能、社会的服务职能和社会的管理的职能。

(一)决策职能

高校行政管理的决策职能是指各高校要以国家制定的各项教育方针政策为主，按照当前的方针政策进行教学管理。

（二）社会的服务职能

社会的服务职能则体现在行政管理组织通过各项规章制度和职能来组织高校的非行政人员进行教学和科研研究等行为。在教学和科研中，处理好各种问题，使高校的教职工都能在自己的岗位上勤劳奋斗和爱岗敬业，最后达到各高校的预期目标。

（三）社会管理职能

高校行政管理的社会管理职能主要表现在行政管理人员通过管理运行体制和实施具体的管理职责，能够对高校的教职工进行正确的、规范性的指导，使他们能够按照政策和规范有条不紊地进行工作，这样就能确保教育管理系统顺利运行和长远发展。

上述职能的决定性在于我国的社会主义性质，在我国各高校在教学和科研方面起到重要的作用。高校行政管理的职能对高校的教学起到保障作用，要随着社会的发展和变化不断地完善和创新高校的行政管理方式、方法，这样才能更好地促进高校教育水平的提高。

四、高校行政管理的运行机制

要想充分地发挥高校的行政管理职能，首要问题就是要不断地对运行机制进行创新和改革。这就要求高校有一个良好的运行机制来对其工作进行保障，使高校的行政管理人员能够尽职尽责地工作，更好地调动行政人员的能动性。要想切实可行地运用好各高校的行政管理职能，首先就要做到熟知行政管理的基础理论，要因地制宜地根据院校的实际情况，确定一个符合实际的运行机制。除要注意把握普遍性的行政管理特征外，还要注意把握教育自身的规律特征。总体来讲，各高校的行政管理运行机制包括竞争机制、决策机制和动力机制。

（一）决策机制

高校在行政管理上，只有做好科学与民主的统一，进行科学的民主决策，才能在高校行政管理的过程中做出最恰当的行政决策，才能最大限度地保障高校行政管理的运行合理性。

（二）竞争机制

竞争机制是高校行政管理中的一个不可或缺的重要机制，而竞争机制的建立，主要体现在教学水平管理和高校师资队伍的管理上，在教学与科学研究、后勤保障等方面也明显的体现。高校行政管理人员通过公平竞争实现优胜劣汰，就是竞争机制的一个最为显著的特点。市场经济的重要法则之一就是竞争。高校行政管理引人竞争机制，对于行政管理人员的创造性和主观能动发挥了重要的督促作用，有利于改善和提高高校行政管理工作的效率，提升工作业绩。

（三）动力机制

值得强调的是，高校行政管理的动力机制，包括其内在的吸引力、外界的压力与吸引力。其中所说的吸引力包含了高校在其硬件设备上对外界的吸引力因素，指的是高校的办学条件、校园环境、悠久历史和高校的学术氛围等一系列影响力。高校具备了吸引力，才能更好地形成能动力和向心力。就高校现状来讲，高校的行政管理人员和教职工的价值观是高校在前进路上的动力。有一个良好的内在动力，才能使他们在学生管理和工作、教学保障方面保持一个良好的状态，更好地投入精力。而外界的压力又主要包含了高校在社会上的口碑、国家的重视程度、各高校的教育目标等，这实际上就是动力机制中不可缺少的一种反弹现象。

五、高校行政管理的作用

高校得以实施教育和科学研究的首要条件就是高校的行政管理，高校的行政管理在其管理体系中起着最基础的作用，最为突出的就是指导、调节和约束功能。所以我们既要保障、协调好又要激励好高校行政管理的发展与改革。

第一，各高校的行政管理工作的保障性，主要表现在高校行政管理的服务性功能。高校的行政管理工作涉及整个高校的运转，几乎高校的所有事宜都离不开行政管理。即使是一件微不足道的事情，如果管理上出现问题，都会导致全局出现问题，阻碍工作的进展，降低工作效率。要想切实保障高校行政管理的发展与改革，高校的行政管理工作就要积极地发挥好其服务性的功能，将服务性功能运用到工作中，处理好各种关系。

第二，高校的主要目标就是为国家培养人才，必须通过对大学生的教学、管理和服务来实现这一目标。对大学生进行教学、管理和服务，必须通过高校行政管理部门的协调，而各部门之间又具有较大的差异性，所以在出现各种不协调的情况时，高校的行政管理部门就要切实地发挥作用，认真地处理好各部门之间的关系，充分发挥行政管理的协调服务功能。高校的行政管理人员在其行政管理工作中，一定要强化教学和科研服务的管理理念，把高校的行政管理工作深入高校的每一个工作环节，最终实现高校行政管理的整体效能，实现工作效率的提高。所以，要妥善地处理好高校行政管理工作的改革与发展。

第三，对于激励高校进行行政管理的发展与改革，国家要给予大力的支持，作为各高校发展与改革的强劲后盾，高校自身也要激励所有的教职工和学生。而对于高校的行政管理工作来讲，它的具体作用就在于对高校内部各部门及其员工的工作情况进行监督与检查，最大效率地完成工作任务。高校行政管理工作应将绩效考评加入其中，这样才能最为科学与合理地使政策得到贯彻落实，最大限度地为高校行政管理工作的体系化、可持续性和模式化发展打下扎实基础。

第二节　高校行政管理中信息技术的应用

高校是现代科学技术发展的前沿阵地，因此新技术都是率先在高校中播种开花。高度发达的计算机信息技术渗透到高校方方面面，它将行政管理、信息管理、教学服务、研究开发等各类系统连接起来，实现这些系统之间的信息交换和信息服务，使校园的教学科研资源与社会知识资源实现了高度整合，使信息化校园网成为完全开放、超越时空的校园网络平台和知识中枢。

信息技术同时也是教学科研的必备手段。教学通过网络收集资料、组织教案、开通网络课堂。师生通过网络互动，各种教育教学信息也通过网络来传递。网络传播的文本、声音、图形图像、动画和视频大大地丰富了教学内容，提高了教学质量。

网络实现了高校的数字化、信息化存在。高校的现状、动态、目标、运行均在网络中得到映射，实现其功能和价值。

一、信息技术在高校行政管理中具体应用与功能

应用信息技术的整体功能模块可满足构建校园内部管理平台和网络平台的需要，包括办公自动化、高校的教务管理、学生学籍管理、成绩管理、教工管理、校园资产管理、校长办公等，以解决高校的日常办公与教学及其他业务的管理问题。

教务管理。教务管理模块主要完成高校教学事务管理工作。具体功能如下：①班级管理：班级基本信息管理，文理分班；②科目设置：设置高校开设科目；③教师授课设置：设置教师的任课课程；④年级/班级课程安排：安排每个年级和每个班级每学期和每周的课程、课时；⑤课程表编排：编排每个班级的课程表。按照年级、班级、任课教师查询课程；⑥教师评价：对教师进行综合评测。

学生学籍管理。①新生入学：新生入学信息管理；②学生基本信息：学生的概况、家庭情况、操行、评语、奖惩、个人简历、入学成绩、考勤、特殊情况等信息管理，以及学生上述信息的查询、统计；③学生班级调整：调整学生所在班级，完成调班、跳级、降级等功能；④毕业生信息：提供毕业生基本信息以及在校情况查询。

成绩管理。①成绩录入：当前学期、历史学期的成绩录入；②班级成绩管理：对当前学期全校所有班级的每次考试的各科考试成绩进行统计，并对分数段进行分析；③任课教

师单科成绩管理：任课教师对所教班级的当前学期各次考试成绩进行统计和管理。④学期成绩管理：由平时考试、期中考试和期末考试通过给定的比例计算出学期总评成绩，并获得学生的成绩曲线；⑤任课教师试卷分析（该项功能只适用于任课教师）：任课教师录入该班学生此次考试的卷面各题目的得分，可以计算出本次考试的考试得分，同时可以得到每题得分率、每题全对人数和全错人数等试卷分析的结果；⑥成绩统计：以年级或班级为单位，对学生的考试成绩、名次进行统计，可以统计班级或年级成绩（名次）统计表、班级或年级成绩排名表和学生的个人成绩条等成绩报表；⑦成绩分析：对年级历次考试的分数段情况、考试分析数据进行统计分析；⑧成绩管理设置：设置选课情况、满分值、分数段、筛选学生记录，校正成绩错误。

教工管理。①教工基本信息管理：教工的基本信息、个人简历、家庭情况、奖惩记录、任职情况、业务活动、文章发表情况、业务进修情况、先进事迹以及工资信息管理；②教工基本信息查询、统计：按姓名、性别、工作部门、民族、职务、婚姻状况等信息对教工信息进行查询；③其他管理：按部门、专业技术职务/职称、学历、政治面貌等不同标准对全校的教职员工进行统计。

校园资产管理。①固定资产管理：校园固定资产的登记、折旧、报废、遗失等，标准固定资产报表管理；②实验设备管理：按照部门、年级组、科目等信息对实验设备进行登记、折旧、报废、遗失等管理。

校长办公。①教工信息查询：对教工的基本信息、综合测评等信息进行查询；②学生学籍信息查询：对学生的基本信息、成绩、奖惩等情况进行综合统计查询；③校产信息查询：对高校固定资产、实验设备等校产进行综合统计查询。

系统维护。①系统用户权限管理：管理系统用户对系统的使用权限，用户的信息管理；②代码表管理：对系统各个模块的代码进行维护；③学期管理：设置当前学期，维护学期信息。

校园信息发布（校园网站）。一个功能全面的网站内含多种形式的信息发布系统；风格多变的网站风格；聊天室提供用户网络互连协议监控功能、校内新闻发布、行政办公通知信息发布、教学信息发布、课外活动信息发布、同学录等功能，方便高校迅速建立自己的门户网站。

论坛。教学研究论坛，学生学习论坛，课外知识论坛。

远程教学。课程管理，智能答疑，远程讨论，课程学习，远程教学资源管理。

图书馆管理。图书入出库，借阅管理，图书查询，编目管理，读者管理。

电子备课系统。提供"剪切+粘贴"的便捷课件制作方式；可实现课件的点播、发布、评比、维护等功能；兼容各种文件格式且内容丰富的素材库及其完善的管理功能；可以上传多种格式的已有课件，如演示文稿软件、二维动画软件等。

在线考试系统。该系统具有智能化网络在线考试功能，强大的成绩统计、分析功能，周密的防作弊功能，可作为独立模块单独使用。

二、高校行政管理信息化体系的架构

（一）网络平台

网络平台是信息技术建设环境中计算机、应用软件和电子通信体系等结构的总和。网络平台是一个开放的体系，它随着信息技术和信息理念的发展和变化而不断地变化和升级。网络平台又是一个规范的体系，它是在共同的数字化标准（指信息技术所运用的各项技术都应该具有一个统一的标准）、信息化的程序标准（在信息技术建设过程中所运用的各种程序都应该具有一个统一的运行平台，所输出的各种数据同样应是标准化的格式）和信息资源的共享标准（信息技术的配置是建立在共享的基础之上的，要保证全面的兼容与规范化，决不能自我封闭）上运行的。因此不同时期、不同高校的网络平台并不完全相同。

（二）管理平台

管理平台是信息技术建设环境中的观念体系、协调组织、管理方法和管理程序等要素的总和。管理平台首先包括"硬平台"，即构建用于管理信息技术应用各项活动的管理信息系统，这是管理平台的基础。主要包括教学管理系统（本科教育、研究生教育、网络教育等）、学生管理系统（招生、就业、学生工作等）、人事管理系统（人才引进、教师培训、工资管理、人事档案等）、科研管理系统（纵向课题、横向课题）、财务管理系统、公共服务体系管理系统（网络信息服务、图书档案信息服务等）、后勤管理系统（教室、宿舍、餐饮等服务），以及资产管理系统（房产、地产、设备仪器、无形资产），等等。管理平台还包括"软平台"，也就是信息技术应用下的管理思想、理念和各种管理制度。只有将"软平台"和"硬平台"的建设结合起来，才能发挥其作用。

（三）资源平台

资源平台是信息技术应用环境中数字化的各种资源的总和，其核心是各种数据库。高校的信息库一般有学生信息库、教学信息库、专利信息库等。

三、电子校务在高校行政管理信息化发展中的创新应用

（一）电子校务的认知

将信息技术与高校行政管理进行融合，利用网络通信与计算机等现代信息技术将其内

部和外部的管理和服务职能进行紧密集成，高校可以实现机构精简、工作流程优化、资源整合。通过高校网站，大量频繁的行政管理和日常事务可以按照设定的程序在网上实施，从而打破时间、空间及部门分割的制约，全方位地为高校及师生个人提供一体化的规范、高效、优质、透明的管理和服务。借用"电子政务"的概念，信息技术应用于高等院校管理的手段便可称为"电子校务"，简单地说信息技术的应用就是指一个信息化、数字化、智能化有机结合的新型高校行政管理的网络平台。电子校务应用现代化的电子信息技术和管理理论，对传统校务进行持续不断的革新和改善，以实现高效率的高校管理和服务。

电子校务利用了信息技术的主要功能分别是：

展示。展示就是提供高校综合信息，以企业网页的方式，在网上发布高校科研、教学、组织机构等相关信息，包括在网上做招生广告、科研征题、技术转让等。通过展示，可以树立高校的形象，扩大高校的知名度，宣传高校的科研和教学，以期寻找、吸纳新的生源和教学、科研伙伴。

发布。所谓发布就是要在网络上传达高校的各种通知、计划、政策和各种动态信息，以保证上情下达。

服务。信息技术的应用要实现通过网络提供与教学、科研活动有关的信息，比如图书借阅、教学计划、教学安排、学生成绩、教师状况及各种数据和报表。

教育。网上教育是高校教育的第二课堂，信息技术的应用要通过网络面向校内外学生开展可视教学，进行重修专业和重修课程的教学及有关课程的补充教学。还要通过远程网络教育使学生进入社会及其他高校的课堂，实现师资共享。

交流。所谓交流就是实现各种网上沟通，包括上级与下级之间，教师之间、学生之间、师生之间，高校与政府机关、高校与校外个体和群体之间的信息交流等。利用网络的这些功能，高校行政管理可以更好地实现其功能，达成其目标。

电子校务是电子政务在高校的具体化，两者有相同点，也有不同之处。

信息技术在高校的应用的网络平台是校园网，而校园网的数据传输速度高、信息提供针对性强、媒体的多样性等特点决定了高校电子校务系统可以建立在一个极具效率的网络平台上。

高校利用信息技术的服务对象明确、业务规整，而不像政府的电子政务服务对象那样复杂多样。

高校利用信息技术所处理的业务相比于政府电子政务系统，具有单一性与集中性的特点，也就是说，高校可以利用信息技术的功能，采取更加有效的方式处理高校事务，即内部可以采取比客户/服务器模式更加有效的方法对高校事务进行集中处理。

高校利用信息技术具有更高的安全性。一方面，在校园网上可以实施更高级别的安全性策略；另一方面，高校信息技术的集中式处理模式具有较高的安全性。

高校信息对于其建立者和消费者来说相对对称，这一特性决定了高校信息技术的建立可以由高校相关部门和消费者共同来建设。实际上，高校行政管理层既是电子信息技术的建设者，也是消费者，其双重身份决定了高校电子信息技术的建设及其功能确定的明确性。

（二）电子校务对促进高校行政管理发展的重要性分析

1. 高校行政部门纵向分权的协同管理

协同管理的本质就是将各方面的智慧集中起来，通过对各方面资源的整合，将其力量充分地发挥出来，最终形成一股合力，使高校在内部管理和对外服务上充分发挥高校行政组织中全体成员的作用，而不是单纯地只将上层领导的作用发挥出来。电子校务具备非常明显的分权特征，不仅可以将全体成员的作用最大限度地发挥出来，而且在此基础上赋予下属更多决策方面的权力，在一定程度上能够将他们的积极性、主动性和创造性激发出来。与此同时，在电子网络化模式的组织下，如果每位组织成员的知识和潜能被最大限度地挖掘出来，整个组织的集体智慧就会获得显著增强，从而更加有利于高校行政部门实现纵向分权的协同管理。

2. 高校行政部门横向整合的管理

电子校务的协同管理的模式在一定程度上以业务流程为中心，并且在此基础上实现对业务流程的重新组合，以此来发挥电子校务的巨大作用，因此各部门之间障碍的扫除对于工作效率的显著提高具有非常重要的作用。一方面，电子校务能够在最短的时间内通过各部门之间的全面调整实现重新组合，并且能够在现有行政部门边界保持不变的情况下加强各部门之间的密切合作，以此来实现资源的有效共享。另一方面，电子校务以现代先进的信息技术为依托，并在高校机构改革的严格要求下，通过对内部不同机构的重新组合，使其形成一个全新的、统一的机构。各部门通过不同强度来加强组织之间的联系，在很大程度上促进了相关行政部门朝着无缝隙运行的方式发展，从而为高校提供良好的无缝隙化服务。

（三）电子校务系统顶层设计的要点

第一，树立大局观，兼顾整体与全局。顶层设计的视角需要远离局部环境所带来的束缚和消极影响，树立大局观，站在整体高度的视角对电子校务中的决策进行科学、合理以及细致的分析，对兼容和共享进行全方位的考虑。

第二，对业务的需求进行科学的分析。业务作为电子校务设计的重点，在进行顶层设计的相关过程中需要对其可行性以及利益关系进行科学的分析。换言之，顶层设计的成功与否在一定程度上与业务领域有着直接的关系，包括与业务领域紧密相关的工作。

第三，促进高校行政管理绩效水平的不断提高。从某种意义上讲，高校的行政绩效其实与管理职能的转变有着最直接的关系，主要还是围绕高校发展的具体目标而进行的。为保证高校发展目标的有效实现，就需要对高校的具体工作流程进行科学的优化，使其职能能够发生一定的改变，从而最大限度地促进行政效率的显著提高以及工作体制的创新与改革。

（四）电子校务对业务流程进行科学的优化

管理服务流程的优化在一定程度上对于电子校务灵活性的显著增强与提高具有非常重要的影响，通过对各项业务流程的梳理，能够及时地发现潜藏在行政管理中的各种问题，从而对流程进行一定的变革，实现对流程的持续优化。因此，在流程再造的过程中，需要以优质的服务来推动流程的发展，并且使变革后的流程能够提供更优质化的服务。此外，要建立标准化的操作流程，以标准化为主要纽带，实现管理信息的共享和业务流程的规范，最终促进业务流程的持续化改进，从而极大地促进电子校务在高校行政管理中的科学发展。电子校务是在互联网网络技术和现代化教育发展过程中逐渐兴起的一门新型的管理模式，它在高校行政管理的协调发展上对于行政管理部门工作模式的转变、办公效率的显著提高以及监督功能的有效发挥等方面发挥着至关重要的作用。

四、信息技术在高校行政管理中的积极价值

（一）优化高校行政管理决策

决策是否科学合理，对于高校的发展至关重要。在优化行政管理决策过程中，不当决策一方面是来自利益的狭隘性，另一方面则是因为决策手段、程序、方法不够科学与高效。

信息技术的引入为高校行政决策的科学化带来了可能。信息技术可以推动决策流程的再造与创新，为决策信息、决策咨询、决策参与提供巨大可能。信息技术的发展正逐步实现在适当的时候、把适当的信息提供给适当的管理者，这样就改善了决策者的有限理性行政决策的范围，有助于建立适当的行政决策控制幅度。信息技术的实现，使得高校政策的决策者可以在广泛了解决策所需信息的前提下进行决策，避免了靠经验决策和决策信息不完备导致的盲目现象。例如，对于高校人才培养的模式如何定位，如果采取传统的信息采集，费时费力，资料不全，而利用信息技术，广大用人单位、学生家长、学生本人都可以充分表达自己的意见，高校便可以获得充分的信息。

（二）提高高校行政部门的组织绩效

首先，信息技术的引入可以有效减少管理队伍，减少高校内设部门的数量。高校传统

的行政组织形式，是金字塔的科层组织体系。这种行政组织结构的形成与发展，有其长期的历史原因，它需要大量人力来完成很多相对繁杂的工作。而通过推进电子校务，引入先进的信息技术和构建高效的网络平台，原有的一个部门、一个行政工作人员可以做两个部门和两个工作人员的工作或者更多的工作。其次，信息技术有助于形成"扁平化"的管理。尤为重要的是，高校内部信息为每个师生平等享受，许多问题在较低层级就能够得到解决，以上传下达为主要工作内容的中间行政管理机构就可以有所精简，因信息传递不及时或传递失误造成的信息损失可以大幅度的减少，行政运行成本可以相对降低，臃肿的行政组织结构可以变得扁平化、有机化和弹性化。电子校务采用人机结合方式搭建基本工作平台，打破了传统教育政务的集中管理、分层结构，改善其机构重叠臃肿、日常教育行政事务处理速度缓慢的问题，实现高校管理从金字塔式向扁平化结构发展，提高了教育系统内部各个部门及上下级之间的沟通速度、沟通程度以及教育行政部门的运行效率。

（三）增强高校行政体系的反应力与回应力

信息技术的应用即将削弱以至取消决策者与执行者之间的严格分界。在传统体制下，只有处于金字塔顶端的领导层，才能掌握足够的信息而做出相对正确的决策。在这种情况下，高校行政管理过程是不透明的，行政民主化程度是不高的。电子校务提供了交流平台，高校有专门的局域网，能够方便教师与教师、教师与领导、教师与学生之间的沟通。通过这个平台师生可以直接与领导层对话，把对高校工作的感想和建议及时反馈上去，使领导层能及时了解高校目前的实际状况，以全面促进高校的快速发展，增进领导层与师生之间的理解。高校可以通过网络发布高校的科研、教学、组织机构等相关信息，包括在网上做招生广告、科研征题、技术转让等，可以树立高校的形象，宣传高校的知名度，宣传高校的科研和教学，有助于寻找、吸纳新的生源和教学、科研伙伴。

另外，高校还可以通过电子方式传达各种通知、计划、政策和动态信息，使教职员工和学生能及时地获取有效信息。通过推进电子校务，高校行政机构可以在校园网平台上发布大量公共决策信息、校纪校规、行政决议、重大事项和最新行政动向，最大限度地满足师生员工的知情权、参与权和监督权，从而集思广益，促进决策科学化，增强高校行政体系的反应力与回应力。

（四）加强高校行政的廉政建设

信息技术的应用为高校行政的廉政建设提供了新思路、新方式和新途径。一方面，由于高校信息化建设后，信息的公开性、信息资源的共享性、信息沟通的便利性，有益于高校管理者转变工作作风。另一方面，由于校务的公开，增加了高校行政管理行为的透明度。通过电子校务，师生能直接了解高校在做什么、如何做，有利于加强对高校行为监督。也使高校通过网络广纳贤言，迅速了解高校的发展动态。

（五）改进高校行政人员的观念与素质

信息技术的应用借助于互联网、外网、内网，打破了时空限制，高校行政人员可以看到、听到、接触到以前无法感知的事物，实现高效信息沟通和海量信息处理，可以完成以前仅靠个人能力无法完成的工作。

1. 观念的更新和视野的拓宽

高校行政人员要适应信息时代的要求，就必须更新传统观念，树立效率观念、创新观念、服务观念、竞争观念、民主观念、法治观念等现代化观念。信息技术的开发可使行政人员及时获得大量信息，互联网提供了获取信息的极大便利，有助于他们逻辑、辩证和系统地思考问题，提高分析、判断和解决问题的能力。

2. 鞭策高校行政人员的全面进步

信息技术的应用既对高校行政人员的知识和技能提出了更高的要求，又节约了他们的精力与时间。前者成为高校行政人员不断学习与培训的直接动力，后者则为学习与培训提供了可能与机会。此外，信息技术的应用带来的教育方式的更新（如网络高校）为行政人员学习现代化的管理知识，掌握与运用现代化的行政管理技术和工具提供了极大的便利。

（六）提高管理人员的工作效率和质量

校园一卡通系统是建立在校园网上的多种金融系统和管理信息系统的综合系统，校园一卡通的实施不仅提高了学生的生活和学习效率，而且高校也受益匪浅。一卡通的统一认证和模块设计使系统维护工作变得轻松简单，解决了高校管理系统工作量大、管理和数据统计不方便等问题，提高了管理系统人员的工作效率和工作质量。如学生管理信息系统，可以提供信息资源的查询、下载、网上选课、成绩实时查询、课程目录等教学信息的查询、学科专业培养方案查询等。通过电子邮件可以向高校反映工作、学习、生活中遇到的问题与困难。对内，信息及时互通，资源及时共享，提高工作效率和管理效能，减轻管理人员体力劳动，集中更多精力从事具体创新性的研究和实践工作；对外，系统数据库与招生办、学位办数据库可对接，学生与教师、社会与高校之间联络方便，便于及时交流。

（七）电子校务提高了办公效率

办公自动化系统能够提高工作效率，降低管理成本，增强管理的科学性和民主性，实现高校与教育部门之间的电子信息交换，快速准确地完成上传下达的任务。办公自动化规范了工作流程，明确了各部门的工作与管理职责，最大限度地减少了部门之间互相推诿的现象。管理部门的绝大多数日常事务处理如公文处理、会议管理等都可以通过系统完成，极大提高了信息处理的数量和质量。如招生就业网，随时对外发布信息，不但解决了招生和就业期间门前车水马龙的情况，而且对学生提出的疑难问题也可以给出圆满的答复。

（八）电子校务为领导层提供高质量与有价值的信息

传统行政办公模式的信息传递和事务交接由人工通过纸质载体完成，易出差错，透明度低，规范性差，存在重复劳动；上下级和部门间无法实现信息的集成和共享，难以及时沟通和高效协同工作；信息和工作流程相互分离，很难获得至关重要的即时信息，使工作监控和评估困难，无法为领导的科学管理和决策提供可靠的依据。随着信息时代的来临，各个方面的信息蜂拥而至，办公室信息工作者紧紧围绕中心工作开展信息工作，坚持准确把握信息工作的原则，对信息进行加工、综合，去伪存真，为决策者提供了高质量有价值的信息，为决策的成功提供了重要依据，与日俱增地提高了工作效率。

信息技术对高校行政管理的影响不仅有上述具体方面，从中观层次，甚至根本角度上看也有多种积极意义。信息技术对高校行政管理的模式会产生影响，它扩大了高校管理的主体队伍，使过去默默无闻的教师、学生获得了行政参与的渠道，增加了高校事务管理的民主化程度，在一定程度上改变了学术权力与行政权力的关系，也在一定程度上促使高校的管制性管理走向服务性管理、审批式管理走向协商式管理。

信息技术对高校的行政组织结构也发生一定的影响。网络带来了权力的适当下移，适当扩散，适当增加了高校院系的自主权；网络还促进了行政机构的虚实转化，催生了一些虚拟机构，它们参与高校的管理，促进组织机构的融合与渗透。信息技术为高校提供了一种自主、宽松的行政管理环境，增强了管理人员工作方式的灵活性和创新性。日常行政工作中，在完成基本行政工作任务的基础上，尽可能允许行政工作在内容及层次上，多方面、多角度地了解被管理者，与工作人员及被管理者在某些方面进行探讨，以便有利于管理面的扩大和思维灵活性的开启，给工作人员以较为宽松的空间，使其创造性思维与行动得到更多的激励。

第三节　高校行政管理教育信息化机制构建路径

信息化的管理工作相比传统的管理工作最大的优势就是效率的极大提高，其舍弃了传统管理方式所需要的层级关系，充分利用信息化的扁平优势，最大化地减少了层级关系，提高了行政管理中的运行效率。教育信息化背景下，构建高校行政管理机制的路径如下。

一、提高思想认识，不断提高信息技术的利用率

计算机应用软件、网络平台是一种管理思想和管理方式的载体，利用信息技术来创新和规范高校管理方式，不能被看作是单纯的技术问题。我们应当转变观念，将管理与技术联系起来，使日积月累的、成功的管理思想和管理方式凝聚在管理应用系统之中，这个系统实际上也就是管理思想和管理方式的结晶。任何一个应用软件或者网络平台，都绝不是现有工作程序的简单复制。在信息技术的应用过程中，首先应当提高思想认识，将科学、合理的管理行为和程序固化到信息技术中，根据新形势和新要求不断进行技术改进和创新。

信息化的办公系统对一部分领导和机关工作人员来说，是一个全新的事物。他们可能更习惯于原有的人工传送信息方式，有的甚至会对信息技术产生抵触情绪。要使大家能够适应新型的办公方式，需要一个较长的过程。这就需要高校领导层积极地宣传与动员，有必要根据不同的要求，对全校的行政管理人员进行培训，使行政管理人员都能掌握操作方法以适应现代化管理手段，从而提高信息技术的利用率。

二、因地制宜，从成本与效益的角度出发，进行整体规划

高等教育走向信息化、现代化是必然的。网络信息化已成为高校自身发展尤其是行政管理的必然需要，信息技术在全校的实施是一项非常复杂的过程，涉及面广，信息量多，工作难度大，不但涉及管理体制、机构设置和管理方法等方面的变动，还需要考虑报表格式、数据分类及编码统一等问题，这些都是涉及高校全局的问题，只靠几个管理人员或专业人员是难以解决的。在人力、财力、设备及场地的调配上，需要领导亲自进行协调，出面解决各部门之间的关系。所以，要由高校主要领导亲自参加，坚持集中控制，集中开发。如果没有高校领导的参与，无论是在系统规划的制订，还是实际执行的过程中都会遇到许多不可克服的困难。

从成本与效益的角度来看，管理系统可以分解为一系列相互关联的子系统。如果一所高校内各个子系统都各自为政地任意开发，各自有自己的程序和数据，项目之间各搞各的，不但会造成工作相互重复，还会造成技术成本浪费与效益低下。高校的信息化建设的发展规划应当成为高校教育发展总体规划的一个组成部分，要遵循"统一规划、分期建设、逐步实施"的原则，从高校的实际情况出发，决定应用需求及分期目标，确定和实施具有自己特色的信息化建设方案。

三、统一标准以集成系统

统一标准是互通互连、信息共享、业务协同的基础。电子校务系统是一个内含多种应

用系统的集成体系，由于各应用系统在应用范围、构建方式、数据资源等方面存在一定差异，对整个电子校务平稳运行存在较大影响。在信息技术的建设过程中应按照相关部门统一规划和组织，依托现有资源和信息化工作的基础，坚持自主制定与采用标准相结合，实行自上而下的设计方案，上级规划为下级提供参考，下级规划在上级规划的基础上根据本校的特色进行规划。适时推出与电子校务相适应的标准体系，建立健全各类办公自动化系统、业务处理系统、公文流转处理系统、公众服务系统等，实现高校内部的教学管理、人力资源、校务管理等系统间的共享和数据交换，为用户提供统一的访问界面，为高校的教学、科研与社会服务创造最优的解决方案，实现提高高校运作效率和加强高校核心竞争力的目的。

准确而全面的数据是领导进行决策的重要依据，利用它可以找出问题，开创未来，推动高校不断向前发展。现代数据库，尤其是数据仓库、数据挖掘和联机分析处理技术为充分利用历史数据提供了有效的解决途径。对历史数据的整理及资源的整合可以得到科学、合理的信息，可以使基于经验的决策向理性决策转变，使领导清楚地了解高校工作哪些方面做得好，哪些方面还存在不足，从而明确今后的奋斗方向，以制订正确的策略和措施。针对现有的繁杂并且数量庞大的网络资源，有必要进行整理和分类，最终建立针对教学、科研、管理等不同内容的、具备强大搜索功能的门户网站，使广大师生以及高校行政管理人员能够通过简单操作即能获得相关信息与服务。同时还要以数据镜像的方式，建立全球教育资源吸收系统，通过互联网对一些高质量的图书馆、专业数据库建立镜像，为广大师生提供更加专业、更加前瞻的教学、科研、管理等方面的资料。此外，信息资源只有走向联合，才是生存的出路。在信息资源共享过程中，要坚持探索创新，构建信息资源管理系统。打破各部门条块分割的现状，选择那些有必要且有价值的信息资源进行共享，否则只能造成共享水平的整体下降。共享部门应制定明确的指导思想，把信息资源共享作为一项综合性的发展工程，制定详细的共享规划，鼓励大家积极系统地进行开发和整理，使共享资源具有可获取性。在信息资源的开发、传播及使用过程中，应注重个性化服务，使信息资源人性化，把印刷型的信息资源数字化，把内容稀少、简单、枯燥的信息资源逐步丰富、个性、实用化，把以提供学习拓展知识为主的信息资源转向以培养创新能力及满足人们的多方面需求的信息资源，提供原创性更高、质量更高、数量更多、成本更低的信息资源。

四、按管理职能来规划，提高管理人员的使用信息技术的能力

每个高校的行政管理部门不下数十个，这些部门的工作都是围绕教学、科研、学生和人事、财务、设备、生产、后勤等几个大方面的管理过程来进行的。机构设置可以分分合合、增增减减，各部门的职能也可以变化，但是高校内这几大类基本工作不会变。因此在

应用信息技术时，可以按高校的几大类管理职能来进行规划，以减少不必要的重复，增强各子系统之间关系的相互协调和一体化，使资源分配能够得到更有效的管理控制。

信息技术的实施和应用是一项较复杂的系统工程，必须进行充分细致的调查，进行缜密的分析，不断完善系统功能，以保证办公自动化系统的顺利实施。

在系统实施开发的过程中应注意与系统操作人员的沟通，以避免实施过程中出现原则性问题，不得不"推倒重来"的事情发生。信息技术的使用者是用户，一般而言，它是用来为管理者提供全面的、具体的工作详情，并具有执行、控制和辅助决策功能的一种综合性的人机系统。即它既能为一个单位处理事务，也能为一个单位的管理提供决策支持。这里要强调的有两点：一是以计算机为基础；二是网络管理的建立既是一项技术性工作，又是一项行政性工作。"人"是该系统中的重要因素，因为只有通过人的活动才能获得有用的结果。用户凭借工作经验与工作需求，在使用信息化办公的过程中，可以对信息技术的实施提出具有针对性的需求，使技术切实与管理活动相融合。结合管理人员提供的业务知识可以减少技术开发与运用过程中系统的交接问题，设计一个好用、实用的计算机网络应用系统。另外，信息技术可以通过数字模拟产生理论最优的高校行政管理流程，但只有在高校行政管理人员的实践与检验中才能够得以证实。它的开发可能会影响到现行的管理方法的变更，涉及高校内部机制的调整和人员的变化。为了使这项工作产生实际效果，得到人们的普遍承认和更多支持，应该在管理干部中培养一大批熟练的技术人员，建立一支包括高校领导及各业务部门负责人在内的各类人员组成的操作使用队伍。因此，要根据不同要求，对现有的行政管理人员进行培训，以使大家都能掌握操作方法，提高整体的计算机应用水平。在其基础上建设一支具有系统分析能力的骨干队伍，以推动管理信息系统工作的不断完善。

五、协调管理并加强培训

为了使行政管理跟上形势的变化，要加强管理工作人员的技术再培训。要让他们掌握技术，尤其培养一种信息管理的意识，让他们从不愿、不习惯到觉得方便好用，最后主动适应信息技术的发展并将信息技术用于管理中。

电子校务必须由高校的高层领导亲自管理，高校还要成立专门的电子校务工作小组，建立一支具有较高信息化素养、技术水平高、协调能力和服务能力强的管理队伍，以建立健全电子校务通畅运行的管理制度，如日常管理制度、安全制度等，促进电子校务管理的规范化、科学化。切实做到规范管理、协调管理，保证电子校务有序、健康发展。在电子校务建设的过程中，教育和培训是不可缺少的。首先，应对高层领导进行培训，使他们真正了解什么是电子校务、能发挥什么作用、会遇到什么风险、如何管理等。这样他们才能做出正确的成本估算，保证资金投入，监督实施计划的进行，协调各部门的矛盾，推进项目的发展。其次，高校应对全校的机关工作人员进行培训，特别是一些关键岗位，如办公室主任、各业务模块管理员等。最后，可采取特殊优惠政策，积极吸引、招揽信息化人才，并增强他们利用信息技术的信心，发挥他们的积极性，为师生提供方便快捷的信息技术服务，发挥电子校务的最大社会效益。

六、从自身实际情况出发，分层次实施信息技术规划

在网络技术应用的过程中，由于人们认识上的差异，以及各高校自身条件的不同，管理信息化建设很难一步到位，因此各高校可根据自身的实际，立足长远，先易后难，循序渐进，分步实施。一定要从高校的实际情况出发，根据需要和可能，充分利用现有条件，因地制宜，由简到繁，注重实效，逐步扩展；要从高校财力的承受能力出发，以信息技术应用的客观需要作为标准，避免造成不必要的浪费，充分发挥信息技术的效能。比如图书馆，最初应用信息技术的目标就是对图书进行有效管理，由于需求单一，大可不必在网络配置等方面要求过高。电子校务建设是一项高投入的工程，在其建设之初，应做一些可行性分析报告，无论资金雄厚还是资金紧张的高校，都应该注重资金投入的使用效率，注重设备的实用性。

七、加大制度建设，为信息技术的利用提供强有力的支撑

随着信息技术在高校行政管理各个方面的不断普及和应用，各种相关的规章制度也需要加以建立和完善，以保证信息技术实施的目的顺利实现。所以，工作人员必须接受和使用信息技术，而且在使用的过程中必须坚持制度管理，制定有关的使用、授权、录入、保密等制度。

高校行政管理信息化重在建设，贵在应用。应当转变观念、营造环境。信息化建设并非少数管理人员之事，要靠全体教师和学生的关心和参与。由于大多数基本信息的传递需要管理人员的参与，因此高校行政管理人员应当转变观念，改变传统的处理、传递信息的方式与习惯，树立起现代网络意识，努力提高个人素质。总之，高校在信息化建设的过程中要有意识地营造一个人人会用、乐于用现代信息技术进行管理和学习的大环境。

第四节　高校行政管理改革与创新的具体措施

一、服务型高校行政管理体系的构建

随着我国社会经济的不断发展，教育的重要性越来越高，科教兴国已经成为我国重要

的发展战略。而在我国高校高速发展的过程当中，各种设施的建设水平越来越高，服务型高校的理念已经深入到高校工作中来，使得行政管理工作的内容和职能等方面发生了翻天覆地的转变。传统的行政管理模式无法满足我国服务型高校建设的要求，这也就使得我国高校的行政管理工作必须要按照服务型高校的发展而进行相应的变革。通过积极的建立服务型行政管理体系、深入的了解服务型行政管理理念，完善相应的规章制度，可以使得我国的服务型行政管理水平有大幅度的提升。一方面，促进了我国服务型高校的发展；另一方面，也提升了高校的教学和科研质量，具有重要的现实意义。

（一）高校行政管理的服务特性内涵

服务型行政管理也就是指在高校的行政管理过程中，要以教师和学生的需求为根本目标，通过更好地对教师和学生进行服务，从而提升行政管理水平。服务型行政管理的基本理念，就是以学生和全体教职员工为中心，以人为本的行政管理理念，核心目的是为了学生和全体教职员工提供更加优质的服务，而对传统的行政管理理念进行更改，通过强化服务型行政管理理念，完善服务型行政管理相关的规章制度，从而更好地对高校中的学生和全体教职员工提供相应的服务，促进学校整体的行政管理水平，从而推动学校在教学水平、科研水平等方面的全面发展，使高校的综合实力能够不断的提升。根据高校服务型行政管理的深化使用，可以有效地保证高校行政管理的公开性，让每个学生和教职员工都能够对高校行政管理有充足的认识，促进高校行政管理与日常教学和科研方面能够有机的结合，促进双方的共同发展。服务型行政管理的运用有助于促进高校行政管理的公正性，由于高校中人员数量众多，平时所需要处理的任务也较多，通过对于服务型行政管理的使用，可以让每件工作都能基于学生和教职员工的需求而进行，有效地保证了服务型行政管理的公正性和公平性。高校行政管理的服务特性有以下几个特征。

1. 专业性的服务

由于高校中各个系别、学院都具有不同的专业，高校的行政管理工作过程中，经常会出现一些涉及到专业领域的管理工作，而这些管理工作由于具有极强的专业性，也就对高校行政管理工作者带来了较大的工作难度。因此，高校行政管理工作人员要有足够的专业知识，只有具有专业能力的工作人员才能够更好地进行高校行政管理工作，从而为高校的学生和教职员工提供更多优质的服务。

2. 服务客体具有多样性

服务型的高校行政管理体系的工作核心，是满足学生和教职员工的基本需求，为学生和教职员工进行服务。然而，由于学校中的人数众多，每个人都具有不同的要求，导致了高校行政管理体系的服务具有多样性的特点。因此，高校行政管理工作人员要针对每个服务客体的具体要求，进行不同的行政管理服务，从而满足每个服务客体的基本要求，提升高校行政管理的服务能力。

3. 服务具有规范性的特征

对于高校行政管理体系而言，只有具备了较强的规范性，实行规范化的服务，才能更好地提升高校行政管理的服务质量。因此，高校行政管理体系的建立，要以满足学生和教职员工的需求为核心理念，通过对学生和教职员工进行规范化的服务，在每一个工作的环节都要进行科学的设置并管理，提升高校行政管理工作的工作流程，从而让高校的学生和教职员工能够享受到更加优质的服务，促进高校教学质量和科研水平的不断发展。

（二）高校行政管理服务特性的意义

高校行政管理是学校在日常运行和发展过程中重要的组成部分，在高校中占有重要的地位。高校行政管理能力的不断提升，有助于高校教学能力和科研能力的发展，对于服务型高校建设而言，服务型高校行政管理具有更重要的地位。

1. 服务型高校行政管理有助于高校行政管理改革

高校行政管理是维护高校日常运作和发展的重要环节，也是高校进行教学和科研的重要保障。不同的高校由于其实际情况有所不同，行政管理体系也有所不同，其管理模式对不同的高校具有不同的影响。而随着服务型高校理念的不断深化和发展，传统的高校行政管理模式已经无法符合高校的发展和建设，因此对于高校行政管理体系进行相应的改革，已经成为高校不断发展的必然要求。服务型高校行政管理是以高校的学生与全体教职员工的诉求为核心的，以为学生和全体教职员工提供服务更好地满足服务型高校的建设理念。因此，服务型高校行政管理的使用可以有效地促进服务型高校的不断发展，促进高校教学水平和科研水平的不断提高。

2. 服务型高校行政管理有助于培养高素质的优秀人才

高校的核心目的是为国家和社会培养更多高素质的优秀人才，而服务型高校的核心理念更是以学生和教师为本，对学生的能力和素质进行培养。因此，服务型高校行政管理要立足于学生和教师的实际要求，为高校的教学和科研层面提供更优质的服务，为高校的人才培养奠定坚实的基础。对于服务型高校行政管理理念的深化和使用，可以有效地培养行政管理部门的服务理念，从理念上提升行政管理部门的服务效果，使得行政管理部门能够更好地对学生和教职员工进行服务，让高校培养高素质的优秀人才的核心理念能够融入到行政管理部门当中，从而使得全校形成为学生的培养服务的理念，提高教师的工作积极性，促进教学水平的不断提高，同时服务型高校行政管理模式的使用，还可以给学生一个良好的生活和学习环境，激发学生的学习兴趣，提高学生的学习效果，为高校培养出更多高素质的优秀人才。

3. 服务型高校行政管理有助于高校科研发展

高校不仅是培养人才的重要场所，还是进行科研的重要场所。传统的高校行政管理模式，注重行政权力的主体地位，而忽略了学术权力的重要作用，导致了高校行政管理体系无法为高校的科研方面做出应有的贡献，导致高校的科研水平难以得到发展。而在服务型高校中，除了注重对学生的培养以及对学生与全体教职员工的服务，还要注重提升学校的科研能力，这就要求在行政管理模式中，更加注重学术的重要地位。服务型高校行政管理模式能够更好的协调各个部门之间的关系，让各个部门能够在促进高校科研水平的目标上共同努力，从而为高校顺利进行科研项目提供相应的保障。同时，在服务型高校行政管理的模式下，不光要注重高校的日常工作，更要着眼于未来，对于高校的未来发展有一个明确的认知，建立相应的战略方针，从而有效地提升高校的教学质量和科研水平。

（三）基于服务特性的高校行政管理工作构建思路

1. 改变传统的高校行政管理理念

传统的高校行政管理理念，更加侧重管制整个行政管理的工作流程，使工作的每一个环节都能更加符合高校相关的规章制度，而忽略了行政管理应该满足学生与教职工的基本要求，这也就导致了服务型高校行政管理体系难以进行构建和发展，阻碍了高校的发展步伐。因此，在高校服务型行政管理体系的构建过程中，高校的行政管理部门必须转变传统的行政管理观念，通过树立以学生和教职员工为本的服务思想，来对全校的师生负责，在行政管理的工作过程中，充分考虑学生与教职员工的基本要求。

2. 建设服务型高校行政管理队伍

行政管理工作人员在整个行政管理工作流程中占有主体作用，行政管理工作人员的工作能力和素质，直接地影响了整个行政管理工作的质量。因此，对于行政管理工作队伍进行相应的建设，对提升服务型高校的行政管理水平具有重要的意义。在服务型行政管理队伍的构建过程中，首先要提高行政管理工作人员的德育素养，使行政管理工作人员能够具有良好的职业道德，使其具有服务的意识。

3. 建立完善的服务型高校行政管理制度

完善的制度是保证服务型高校行政管理顺利开展的重要前提。因此，在服务型高校行政管理的建设过程中，要对服务型高校行政管理的规章制度进行相应的建设。要建立相应的民主决策制度，让全校的学生与教职员工都能够融入到管理过程中来。

还要建立一个对于行政管理水平和质量的评价监督机制，让学生和教职员工能够对服务型高校行政管理进行相应的评价，并吸取其中的不足之处进行相应的改正，以保证服务型高校行政管理能够顺利地进行。

行政管理体系在我国高校的发展和建设上具有重要的意义，通过对于服务型高校行政管理体系的构建，可以有效地深化我国服务型高校建设的程度，促进我国高校教学水平和科研水平的不断提升。

二、"以人为本"的后勤服务体系构建

后勤服务视角下的高校行政管理部门，不仅肩负着科研和教学的重任，还承担着学校后勤服务和管理的职能。现阶段，我国高校教育事业的发展推动了行政管理体制的改革，行政管理高校后勤工作面临着巨大的困难，而后勤行政管理部门属于学校的枢纽，起着协调内外的作用，因此只有构建"以人为本"的高校行政管理体系，才能提高后勤行政管理的质量。

（一）"以人为本"的高校行政管理理念

"以人为本"的高校行政管理理念，是以"为广大师生服务"为宗旨的，也是国家对教育事业发展的新要求，对我国政治、经济、文化的发展都具有深远的影响。在传统的管理模式下，高校行政管理理念相对落后，严重忽视了广大师生的主体作用，导致行政机构臃肿，管理人员工作效率低下，后勤服务质量得不到有效保障，严重影响了教学科研工作的开展。因此，只有对高校后勤行政管理体系进行优化和改革，贯彻"以人为本"的管理理念，将服务教学、教师和学生当作首要任务，提高管理人员的综合素质，才能为高校各项工作的开展提供保障，促进我国教育事业的发展。

（二）"以人为本"的高校后勤行政管理体系的构建

1. 树立"以人为本"的管理理念

武汉某大学要实现高校后勤的人性化管理目标，必须树立"以人为本"的管理理念，确保后勤行政管理舒心、放心，能够充分满足现代化管理要求，加强管理的人性化，才能充分调动后勤人员工作的积极性和主动性，确保其在工作中尽心、尽力、尽责，更好地服务于广大师生，让教师和学生在良好的校园环境中工作和学习，从根本上实现人力、财力、物力的功能最大化和效用最大化。

2. 提升后勤服务保障功能

为有效满足学校、教师和学生的基本需求，必须重视对后勤行政管理体系的优化和完善，改变传统的后勤行政管理模式，提升高校后勤服务保障功能，为广大师生提供主动、高效、便捷的服务，充分满足高校发展的基本需求。在高校后勤行政管理工作中要坚持走可持续发展的路线，实现科学化管理，以人为本，提高高校后勤行政管理人员的工作

热情。

3. 建立高素质的后勤干部队伍

要想做好高校后勤保障服务工作，必须重视对高校后勤人员的培养，建立高素质的后勤干部队伍。武汉某高校硬件设施不齐全、后勤短缺现象严重，高校只有加强高素质后勤干部队伍建设，聘请专家开展后勤服务知识讲座，不断更新高校后勤行政管理理念，增强后勤人员的责任感、服务意识和服务水平，才能使高校后勤行政管理跟上时代发展的步伐。

4. 优化和完善后勤运作机制

随着科学技术的快速发展，传统的后勤行政管理模式已经不能满足高校教育事业发展的需求，因此优化和完善武汉某高校后勤运作机制是十分必要的。将先进的信息技术应用到后勤行政管理中，能够实现高校后勤的信息化管理，使后勤行政管理部门及时掌握并汇总工作信息，为高校后勤行政决策创造有利条件。高校还可以构建信息交流平台，有效实现师生和后勤人员的双向互动，提高后勤行政管理水平，使后勤行政管理工作科学化、规范化、合理化。总结高校后勤服务是学校中心任务开展的重要保障，后勤部门只有在服务广大师生的过程中贯彻落实"以人为本"的理念，才能为高校后勤工作和教育教学工作开拓新的局面，实现高校后勤行政管理的科学化和规范化，促进教育教学活动的开展。

三、高校行政管理效率提升策略

面对时代发展的要求，高校行政管理应加强制度建设，依托制度优势提高行政管理效率，积极吸纳优秀管理人才，构建完善的辅助机制，切实解决行政管理中存在的问题，为高校行政管理工作水平的提高提供保障。从制度层面出发，应重点思考提高高校行政管理水平的现实路径。

（一）健全人才准入制度，引进尖端的行政管理人才

在高校行政管理领域，大部分行政管理人员都来自基层，其管理方法与管理理念是在日常工作经验中形成的，而且是以工作经验为基础开展各项管理工作。大部分行政管理人员自身所具备的知识水平偏低，没有掌握新型的管理方式，管理理念较为落后。随着时代的发展，尤其是信息化水平的不断提高，依托工作经验的行政管理模式已无法适应时代发展的各种要求。基于此，在高校行政管理中应高度重视创新管理模式的问题，积极构建完善的人才准入机制，以此提高行政管理队伍的整体水平；应以人才退出机制为辅助，对行政管理人员进行定期考核，依据其表现决定去留。发挥机制优势，能够激发高校行政管理的活力，提高管理效率与质量。

（二）完善管理和服务的责任制和绩效管理

公立高等院校的经费来源主要为政府拨款，在院校管理层面需要受到行政体制的约束，因此应结合院校实际，打破传统的单一制行政管理模式，引入管理责任制和服务责任制，以企业管理和服务模式为参考，切实将行政管理工作落实到个人。此外，要适当下放行政管理权力，依据管理人员个人特长合理安排管理岗位，使管理人员的才能得到充分发挥，提高个人发展与高校发展的契合度。

1. 明确行政管理人员的职责

在工作中，只有按照岗位的不同，制定不同的绩效考核标准，才能达到完善绩效管理的目的。第一，高校需要根据自身的运转需求，确定行政管理部门以及行政管理工作人员的数量。如果学校的规模比较大，则可以设置较多的行政管理人员，反之，则要减少。第二，要根据岗位的不同，确定不同的工作职能，规定行政管理人员所应该承担的责任和义务，使行政管理的效率得以提升。第三，学校要为每个行政管理人员确定对应的绩效目标。比如在确定绩效目标的时候，需要根据部门的整体绩效目标、个人的岗位要求、行政管理目标、行政管理的难度等方面进行综合考量，使绩效管理的目标可以在工作当中得到实现。

2. 完善绩效管理考评体系

需要完善绩效考评体系，才能有效完成绩效管理的目标，促进行政管理人员的自我提升，因此在实际过程中需要加强绩效考评体系的修正，才能满足管理的要求。为了使高校行政管理人员的绩效考评更合理、更有效，应从以下几方面入手。

第一，目标分解，计划到位，科学定位，有效沟通，职责明确。在绩效管理的四个环节中，绩效目标的设立最重要，它是绩效管理活动的中心和总方向，决定着计划时的最终目的、执行时的行为导向、考核时的具体标准。设定绩效计划目的在于将学校发展战略及目标与每位行政管理人员的行动结合起来，确保行政管理人员的工作目标与学校的战略目标保持一致，以最大程度地保证学校战略目标的实现。绩效计划必须清楚说明期望行政管理人员达到的结果以及为达到该结果所期望行政管理人员表现出的行为和技能。通过层层分解目标来实现。并力争保持学校战略目标与规划和教职员工个人愿景的和谐一致。

第二，重视过程考评和控制，力求考评的完整性和连续性。控制是管理的一项基本职能，它是通过对计划执行情况的监督、检查等方式，及时发现目标偏差，找出原因，采取措施，以保证目标实现的过程。一个完整的绩效管理系统包括绩效目标与计划、绩效控制、绩效考评、绩效反馈四个环节。要使绩效考评真正有效，必须关注以下几方面。

①做好平时记录，形成绩效文档。绩效管理一个很重要的原则就是无意外，认真做好被考评人员的平时绩效记录，形成绩效文档，作为年终考评的依据，确保年终考评有理有据，公平公正。

②营造浓厚的学习氛围，提高员工自我学习能力。高校本身就是一个学习型的组织，更要根据不断变化的形势，调整人才培养和人才需求的目标和计划，为行政管理人员的发展营造一个良好环境，创造相应的条件。

③慎重选择考评主体，体现全面性、针对性。高校行政管理人员服务的对象主要包括领导、教师、学生及其他相关的管理人员。应该说相对教师来说要广泛得多，同时不同的行政管理岗位又有自身不同的主要服务对象，对行政管理人员的绩效考评应慎重选择其考评主体，力求全面性、针对性，并考虑到其与被考评人的关系、素质、各类考评主体的人员分配比例等因素，从而使考评结果更具公平性公正性、合理性，也更可信，更有效。

④确立奖惩性评价与发展性评价相结合的价值取向。在绩效考评过程中，由于价值取向的不同，评估的指标、标准及考核评估的方法等都会有相应取舍。可以说价值取向是绩效考评的基础，也是建立整个绩效考评体系的方向。奖惩性评价主要以奖惩为目的，是一种不完全的评价，是一种终结性的面向过去的评价。它在某种程度上可以促进改革，促进提高，引起部分人员的共鸣和反响，但它从根本上忽视了评价的激励改进和导向的功能，不利于促进全体行政管理人员的发展。而发展性评价既注重人的全面发展、和谐发展、个性发展和人格完善，又注重一个组织发展和社会发展的需要，体现价值一元性与多元性的统一。但发展性评价若不与奖惩性评价相结合，又会导致广大行政管理人员无压力和激励刺激，同样对提高管理水平及服务质量无益。因此，在高校行政管理人员的绩效考评中必须将两种评价方法结合起来，综合运用，才能收到很好的效果。

⑤重视个人绩效的同时，关注团队绩效，实现绩效最大化。对于高校的每个行政管理岗位而言，实际上都要求多种能力的组合，而每个人能力结构是不同的，同时一个人的能力也是有限的。而高校的行政管理是个完整的系统，许多管理工作是相互联系、相互影响、相互制约的。因此，学校管理者若能在进行个体绩效考评指标设定时，根据各岗位的实际情况，适当加入一些与团队绩效和流程相关的指标。并通过团队绩效目标及相关工作流程将具不同能力结构的人融合在一起，量才用人，任其所长，不任其所短，创造机会，重视引导，形成团队成员互促共赢的局面，实现绩效最大化。

3. 加强考评结果的运用

首先，要重点关注考评结果的反馈。当完成考评之后发现行政管理人员存在的问题，要及时寻找原因，找出解决的方法，改善行政管理人员的行为。其次，要将考评结果与行政管理人员的薪酬、升职挂钩，使行政管理人员可以争先提高自身的工作质量，以期获得更好的考评成绩。最后，要将考评结果进行对外公布，使行政管理人员可以了解到绩效管理的权威性，从而注意自身的行为，提高行政管理的效率。

4. 强化绩效考核的激励措施

组织的战略目标如果没有相应的物质激励或精神激励来持续强化，长此以往，高校行政管理人员的工作积极性就会逐渐消失。根据激励理论及激励方法的不同，建立在高校行政管理人员的管理者可从以下几方面强化绩效考核的激励措施。

（1）物质激励

现阶段，物质激励仍然是大多数高校行政管理人员关注的重心。高校行政管理人员的管理者可以将各岗位人员特征和性格特征、需求的差异性、服务数量、服务质量、服务对象的满意度及服务难易程度等综合测评价格与其绩效工资挂钩，在各单位内进行绩效工资的二次分配，不同部门不同岗位不同的行政管理人员之间拉开差距，以体现多劳多得，优绩优酬。绩效工资则依据高校行政管理人员对德、能、勤、绩、廉五个考核标准进行考核，将考核结果的成绩按绩效工资比例发放，这种基于绩效考核的薪酬分配机制是物质激励的一种方式，但不能包括激励机制的全部。

（2）精神激励

物质激励与精神激励两者之间相互配合，相得益彰，缺一不可，只重视物质激励而轻视精神激励不仅会加重学校经济负担，而且对员工的长远发展不利，而只重视精神激励轻物质激励，不能满足职工的基本生活需求，因此要两者有效结合，各自发挥自身优势，弥补另外一方的不足。精神激励相对于物质激励而言是无形的激励，是看不见摸不着的激励方式，但是能满足人们精神上的需求，包括给员工升职、对他们的工作认可、岗位晋升、培训激励和被尊重的激励等多种形式的激励手段，能给他们带来荣誉感、成就感和满足感，持续的凝聚他们的心，让他们激情饱满的实现组织目标。随着人们生活水平的提高，高校行政管理的决策者和管理者在采取物质激励的同时，还应该把重心转移到以满足较高层次需要，马斯洛需求层次理论中指出，人们在满足生理需求和安全需求后，会更多的关注社交、自尊、自我实现等更高层次的需求。

（3）知识激励

知识激励也是激励中的重要部分，是指高校行政管理人员对知识的需求，及时提供必要的技能知识、信息及学习知识的机会来调动他们的积极性和创造性的一种激励手段。高校行政管理人员是知识型人才，他们既有一般人的基本需求，又渴望生活的归属感，事业上的成就感和社会上的荣誉感，收入对其满足需要的边际效用呈递减趋势，随着生活水平的提高，对物质激励越来越淡化，非物质的需求所占的比重越来越大，自我实现需求占据主导地位。知识激励主要包括向不同党政单位各个职能部门行政管理人员提供必要的专业知识培训和获取各种知识的机会，如定期将高校行政管理人员输送到与自己工作或所学专业相关的培训基地进行知识培训，以提高其专业知识技能和综合素质。

（4）目标激励

目标激励是指高校设置整体发展的目标，使行政管理人员的个人目标与学校的整体目标紧密的结合在一起，让他们感觉到个人利益与学校整体利益息息相关，愿意全心全意为高校发展服务。建议高校行政岗位的管理者在采取物质激励的同时，还需结合目标激励机制，结合各个部门不同岗位人员的绩效考核结果，能力和素质特征、服务态度、服务质量和工作效果，为其确定适当的岗位目标，岗位目标再分解成多个目标与本人工作岗位有效的结合起来，能够诱发人努力的去争取和进取的方向。心理学上把目标称为诱因，启发其奋发向上的内在动力。同时各高校根据自身战略目标和学校的财力引入现代企业人力资源管理理念，并制定竞争性和市场化的宽带薪酬制度，从而吸引优秀人才，推动教育事业的发展。将有事业心、进取心、有领导力、综合水平兼优的人员安排到重要的工作岗位上，充分挖掘他们的才能，调动他们的工作热情，推动他们的职业生涯发展，可以根据绩效考核结果对高校行政管理岗位进行优化配置，将不同岗位不同层次的人员合理配置到相对应的岗位上去，人尽其才，才尽其用。

（三）建立健全行政管理制度，实施量化管理和信息化管理

有章可循是开展各项管理工作的重要前提，同时也是确保管理取得成效的关键。为了提高高校行政管理效率，需要构建完善的管理制度，依托制度优势开展各项行政管理工作。为此，在院校内部应针对管理人员设置值班制度、岗位责任制度、办公制度等。还应结合管理人员的工作特征，设置绩效考核制度，确保绩效考核所采取的评价指标具有代表性与科学性，并将制度落实程度纳入到个人考核内容之中，与绩效联系在一起。在管理制度构建的过程中应始终坚持以人为本的工作理念，面向所有行政管理人员征集相关意见，以确保制度本身具备良好的操作性和实践性。在高校行政管理中存在着较多环节的信息沟通问题，如管理高层向基层传递信息需要经过多个层级，而基层向管理层传递信息也同样需要经过多个层级，导致信息传递效率较低，难以发挥信息的时效性。基于此，应完善高校行政管理机构，分别设置问题调查部门、意见收集部门、服务监督部门与政策编制部门等，对每个部门的职责和权利给予明确的界定，并构建监督机制，以保障行政管理工作的高效性。此外，在管理方法上，应引入信息化管理与量化管理方式，结合院校发展实际与时代发展特征，不断更新行政管理理念，引入先进的管理方式，有效提升高校行政管理的水平。随着社会经济的不断发展，市场对人才培养提出了新的要求。高校需要高度重视管理工作。当前，我国高校行政管理体制仍存在一些问题，希望每一位高校行政管理工作者都能拿出一份严谨与认真，使教育管理工作得以完善，行政管理工作得到加强，为我国高等教育的人才培养做出积极的贡献。

（四）加强各部门的协作，增强沟通交流

行政管理应胸怀大局意识，根据高校的发展规划方针，统筹兼顾，有侧重、有目标地安排各项工作，保证学校各项工作的顺利推行。行政管理需要良好的前瞻性，不可只顾眼

前利益或者部门、小集体利益，眼中要有学校这个"整体"，各部分、教学单位分工协作，并无孰轻孰重的概念。加强各部门的协作，增强沟通交流，吸纳有效建议，弥补当前工作的不足之处，提高整体行政管理水平。

高校行政管理依赖于高校行政管理信息的通畅。信息的通畅离不开有效的管理沟通。为了改善高校行政管理沟通，第一，要拓宽信息沟通渠道。人与人之间的沟通除了正式的沟通还需要非正式的沟通，有时候非正式的沟通甚至比正式沟通更有效。高校行政管理人员应该深入研究师生员工喜爱的沟通方式，才能做到管理信息沟通的快捷、有效。第二，要提倡双向沟通。双向沟通是指有反馈的信息沟通，这种反馈可以进行多次，直到双方满意为止。它的优点是信息传递的准确性和接受率较高。

（五）强化行政管理人员的忧患意识

行政管理人员需要增强责任感、使命感。同时也需要忧患意识，增强危机感紧迫感。忧患意识在一定程度上包含预见意识和防范意识。"祸兮福之所倚，福兮祸之所伏"。忧患意识的重要表现就是善于从看似平静的日常工作中预见危机，从有利中发现不利，准确判断，未雨绸缪，防患未然。当前是我国高等教育的快速发展阶段，许多高校都处于转型的关键时期，行政管理人员要保持清醒的头脑，增强工作的预见性，并且做好各种应急预案。总而言之，我国高等教育事业发展迅速，高校行政管理也需要迎难而上，锐意进取，不断深化教育管理体制改革。丰富行政管理层级、行政管理人员的管理工作经验，完善行政管理工作方法，提升行政管理工作效率，为我国新时期高等教育事业发展做出应有的贡献。

（六）提升高校行政管理人员自我价值感

高校行政管理人员自我价值感的高低不仅影响其自我实现的进程，也影响其自身的心理健康水平，还直接影响其工作效率和工作潜能的发挥。因此，提升高校行政管理人员的自我价值感是必要的，也是具有现实意义的。

1. 提高自我概念水平

自我概念是个体对自己的总体知觉，它包括对自己的生理自我、道德自我、心理自我、社会自我、家庭自我、自我认同、自我满意和自我行动等多维度的认知和评价。低自我价值感的高校行政管理人员应该首先学会正确地、合理地认识自我，学会欣赏自我，并诚恳地接纳自我，在工作中不断地审视自我、分析自我和探索自我。只有提高了自我概念水平，才能对自己提出合理的目标和期望，工作中才能够很好地把握自己，创造更高的自我价值感。

2. 培养积极思考心态

个体的思维方式的性质决定其行动能力，行动的能力决定其工作的效果，工作的效果决定其自我评价，自我评价决定其自我价值感的高低。高校行政管理人员开展工作的过程中，常常会遇到许多不确定的因素和不能自主的情况，这些使他们在工作中有不确定感、烦躁不安情绪、无助感、焦虑等负性情绪。因此，工作中学会运用积极思考法，可以帮助他们发现工作中的乐趣，积极地面对工作中的挫折、压力，合理进行自我心理调节，保证愉快地开展工作，获得较好的、满意的工作绩效。

3. 提升情绪管理能力

个体的情绪智力更多的是指个体的情绪管理能力。个体的情绪管理能力可以反映一个人的成熟水平，情绪管理能力强的个体可以控制自己的不良情绪，如果个体情绪出现波动时，可以主动地调节，使其适应自己的工作和生活，或者将其对工作和生活的影响控制在最低水平。在工作过程中，无论是由于自身人格因素，还是工作因素，高校行政管理人员都会出现情绪波动，甚至情绪难以控制的情况，如果处理不当，不仅会影响他们积极地开展工作，还会影响其积极的自我价值感的形成。高校行政管理人员可以通过学习放松技巧，掌握一种或几种放松技巧，帮助自己稳定情绪。通过这些情绪管理技巧或情绪管理方法，可以帮助高校行政管理人员理智地面对工作中遇到的各种情境，成功地处理工作中的难题，并能够得到别人和自己的积极的肯定，有助于他们形成积极的、正向的、健康的自我价值感。

4. 规划职业生涯

合理地进行职业生涯规划，可以帮助个体有计划地进行自我实现，让个体在人生的每个阶段都可以形成高自我价值感。高校行政管理人员可以根据个人的实际情况和工作任务，并结合学校的发展目标和方向，对自己的职业生涯进行规划，让自己清楚地知道每个阶段该做什么，可以检验自己每个阶段自我发展和自我完善的课题完成情况。这样他们可以在工作中完成自我实现，进行自我成长，提升自我价值感。

（七）加快行政管理的信息化和现代化建设

21 世纪是信息技术的时代，随着信息技术已被越来越广泛地应用到工作、生活的各方面，充分、合理地利用资源，加速高校行政管理工作信息化、现代化进程，提高管理效率，改善管理条件，逐步做到管理手段和设施的现代化、网络化。

第四章
高校教育管理创新机制构建

第一节　高校教师管理模式的改进

一、高校教师管理改革的发展趋势

根据高校人事管理制度的发展需要以及国家下发的一系列文件要求，高校人事制度改革呈现出以下几种趋势。

（一）在管理理念上由人事管理向人力资源管理发展

传统的人事管理重在对人的管理和事的管理，重在对人事档案和业务档案的管理，实质上是对教师进行身份管理。这种管理在效果上缺乏激励和引导，是一种静态的管理，视教师为成本。而人力资源管理重在对现有人员的开发和利用，同时注重队伍的重组和提升，视教师为资源。

（二）在管理方式上由静态管理向动态管理发展

现有的管理方式下，教师在达到一定的阶段后就没有了继续努力的动力，比如评定终身的职称制度以及工资制度等。在管理者身上同样存在这种问题，能上不能下的行政管理制度使得管理者在管理过程中不思进取，人浮于事。高校教师管理改革要求打破教授终身制，从而提高工作的积极性。

（三）在分配上由平均主义向差异分配发展

拉大差异，注重激励，有助于调动教师的积极性，符合教师间能力存在差异以及工作投入程度不同的情况。

（四）在制度上由身份制向契约制发展

在人员聘任上，打破原有的重身份、重资历、重级别的人事管理方式，科学设定编制和岗位，竞争上岗、择优聘用、合同管理可以强化竞争机制，使人力资源配置更符合事业发展的需要。

二、高校教师管理模式的改进

教师管理制度改革事关高等教育的全局，涉及教育行政部门与政府间的关系，涉及社会保障体系的完善，更涉及高校的发展和教师本人的切身利益。同时，高校教师群体又具有明显区别于一般人力资源群体的特殊性，这要求我们在制度设计方面不能将企业的管理模式简单套用，而要根据教师群体的特点有针对性地进行设计。在改革中，我们应该以治理为模式，形成视教师为资源的人力资源管理理念，从政校关系、决策制度、聘任制度、考核制度和分配制度等方面重新设计教师资源管理体系，加强对教师队伍的培养和激励，促进对教师资源的有效利用，同时还要充分认识到校园文化在教师管理中的积极作用，建设具有独特风格的、和谐的校园文化。

（一）重建政府与高校的关系

政校分离并不是说教育行政部门对高校的发展不管不问，而是要明确行政部门的权力和职责。政府应从举办者、办学者、管理者三位一体的全能型身份中走出来，重点行使其督导职能和保障职能。首要的一点是要将高校与行政级别相脱离，校领导的任命应给予高校更大的自主权，由高校学术委员会选举产生，真正做到学术治校、学者治校。淡化高校领导身上的政治色彩，营造高校浓郁的学术氛围。政府以及教育行政部门应重点做好高校的财政保障工作，应建立和完善财政制度，改革教育财政管理手段，从制度上保证高等教育发展所需要的稳定的资金支持，注重对资金分配和运用的科学管理，提高资金使用效率，同时政府要充当中介和桥梁，扶持教育中介组织的建立和发展，推进各种捐款和捐赠制度的建立，加强企业和高校间的联系，广泛吸纳社会各界对高等教育的资金支持。

要继续大力推进事业单位人事制度改革，必须建立有效的社会保障制度。没有科学、有效的社会保障制度，高校在发展过程中就不可能放开手脚，人员的合理流动就是一句空话。只有建立有效的社会保障制度，才能彻底解决高校人事制度改革中遇到的人事关系问题。

（二）高校管理者要树立"以人为本"的管理理念

"以人为本"要真正落到实处。高等教育教学是根本，教学中教师是核心。在高校的教师管理中，要牢固树立以人为中心的现代管理新理念，追求教师资源管理的本性，提升教师的归属感，同时将教师资源开发提升到第一的位置，使高校的人事工作能着眼于人力资源的开发，致力于人才的合理、充分利用；加强管理者现代管理理论的培训和提高，积极吸收管理学领域最新的科学研究成果，并将其运用到高校师资资源管理的实际中来，做到人力资源管理方法的科学化、规范化、民主化以及管理体制的合法化和规范化，营造尊师重教的良好氛围，始终坚持尊重教师的意愿，了解教师的需求，最大限度地激发教师的积极性和创造性，使教师的潜能得到最大程度的发挥，实现高校教师管理过程中理性管理和人性化管理的有机结合。要将管理职能转化为服务职能，为教师提供良好的发展空间，为教师解决后顾之忧，营造科学的发展平台，提升教师对高校的满意度，实现教师的满意与高校的可持续健康发展的最佳结合。

人本管理最重要的一点就是要宽容，其有两方面的含义：一是对待教师要宽容，要细心发掘教师的优点，同时还要尊重教师个人的尊严、自我价值和个人的需要，要宽容对待教师在性格方面的特性，要经常了解教师对高校工作的意见，让教师参与到高校重大制度与改革措施的制定中来；二是对待教师的学术观点要宽容，高校特别是各学科的学术带头人要能够容忍甚至是提倡多种学术观点的并存，对个别教师提出的特异性观点不能直接予以否认，要营造高校"百花齐放、百家争鸣"的学术氛围。当然，宽容不是放纵，高校教师资源管理需要有效的规章制度来规范教师行为。在负强化的基础上，更应该利用正强化效应，帮助教师尤其是青年教师制定自身的发展目标，并在教师目标的实现过程中实施有效的激励，使教师实现自我再造，充分发掘自身潜能，为教师向更高层次发展和更高价值的自我实现提供可能。

教师资源的管理应尽可能地由学院来进行，高校层面应主要负责宏观的督导与引导，其原因主要有以下三个方面。

第一，教师的管理权过分集中到高校手中，在很大程度上造成了教师和高校的对立，教师对高校的管理措施产生抵触思想，高校科层制的组织结构使高校的管理措施在实施过程中效率较低，是造成高校行政失灵的主要因素。按照治理理论的观点，对人力资源的管理应调动全方位的力量，特别要发挥学院在教师资源管理中的作用。

第二，学院是高校学科建设和发展的主要承担者，更了解学科建设中对教师资源的需求，而根据发展目标进行有针对性的管理是现代人力资源管理理论的应有之义。

第三，学院更了解教师在个人发展中的需求，在管理中更能体现对教师的人文关怀。

(三)高校要实行真正的教师聘用制

对高校来说，推行聘用制的主要目的是打破教师职务终身制，改变教师对高校的人身依附，克服教师在职称评聘过程中的论资排辈现象。在高校聘用制的推行过程中，难点是岗位怎么设，报酬怎么定，身份怎么转，合同怎么签，上岗怎么竞，下岗怎么办，程序怎么走，社保怎么办，在这方面，我们应该在弄清自身情况的前提下，借鉴国外发达国家的成功经验。

鉴于此，我国高校的聘任制应做好以下几个方面的工作。

1. 科学设置岗位，下放岗位聘任权限

这其中包括两层含义：一是要根据高校的岗位总数以及各教学单位承担的教学任务情况，科学测定各单位编制；二是将岗位分成关键岗位和一般岗位，关键岗位由高校聘任，一般岗位则根据各单位编制情况，综合考虑学科发展等因素，合理地分配到各个单位，由各单位自行聘任。

2. 合理设置任期

任期设置的合理与否，将直接决定聘任制推行的成败，任期过长，则起不到聘任制应有的激励作用，使低职称者努力的动力减退，而对高职称者又起不到刺激作用；任期过短，一方面增加教师担心失业的心理负担；另一方面使功利性的研究活动增加，违背了科学发展规律，不利于教师从事科研活动的独立性和从事长期的基础性研究。同时，具备条件的高校应实行低职称教师在一定年度内的非升即走制度，在聘任到期后，如果通不过专门委员会对其进行的教学效果、科研能力以及学术水平的考核，就必须离开高校，这将极大地促进年轻教师勤奋上进，不断提高专业水平和敬业精神，还将对人才的流动和学术的交流起到积极的促进作用。与此同时，我们不妨在特定的群体内尝试终身教授制，对那些为高校发展做出突出贡献，在高校的学科建设和教师梯队建设中举足轻重的、在国内外有着极高影响力的大师级学者授予教授终身制，使他们能够安心从事研究工作，特别是一些科研周期长、工作量大的基础性研究，这将有利于对学科内的教师梯队建设起到传、帮、带的作用。需要指出的是，教授终身制在实行过程中人数不能过多，还必须坚持宁缺毋滥的原则，其最终授予权应掌握在代表高校最高学术水平的校学术委员会手中，以防止权力被滥用。

3. 完善聘任程序

要制定规范的聘任办法，并且在办法的制定中广泛征求教师意见，让教师积极参与到聘任制度的制定中来。在聘任程序上应公开、公正、公平，坚决杜绝人为操作。对于高校关键岗位的聘任，在我国无中介审议机构或机构职能不健全的情况下，必要时要聘请国内其他高校的同行专家对申请人进行鉴定；聘任工作应面向全社会公开，考核过程和结果也都要进行公示；建立教师申诉制度，如教师对聘任结果有异议，可以到指定的申诉部门申诉，申诉部门必须受理教师的异议投诉，并在规定的时间内予以答复。

4. 要与政府职能部门一起做好未聘教师的生活保障工作

特别是在推行聘用制改革的初期，除了政府职能部门要做好未聘教师的社会保障外，高校也应在能力范围内，为教师再就业创造条件，保证教师队伍的稳定。在聘任制的推行过程中，教师身份的转变是重点也是难点，只有在改变教师对高校的人身依附，完成身份的转变，建立高校与教师间真正的契约关系，聘任制才有可能真正实行。

（四）完善教师绩效考核评价体系，建立科学的教师工作量核算模型

1. 完善教师绩效考核评价体系

（1）对教师进行绩效考核的原则

要从教学和科研两方面综合平衡考核，不能厚此薄彼。在高校的日常管理中，很容易出现重科研轻教学的现象，这一现象又容易导致一线教师教学兴趣的丧失，把主要精力放到科研上，无心进行教学以及教学法的研究，致使教学质量下降。由于对科研考核的重视，反而使科研成果日益大众化，学术价值大打折扣，同时由于教师争相进行科学研究，导致科研经费的收益下降，出现高校教师管理模式研究学研究的规模较小。

（2）考核过程要公开、公正、公平

公开原则是指对教师的考核过程、考核标准以及考核结果要公开，不能人为干预；公正原则是要求考核者在考核过程中要实事求是，不能人云亦云，更不能打击报复，考核者应在教师中有威信，有较高的学术地位，教学效果的公认程度高；公平原则是指应综合考核教师，不能因某一点原因就全盘否定教师的所有努力，还要给教师申诉的权利和机会。

（3）要做好考核结果的反馈和利用

考核结果要及时反馈给教师，没有反馈的考核是没有任何意义的，同时对考核结果应有所说明，否则考核就只是一句空话，没有任何实际意义。

（4）考核应采用量化指标，但不能绝对量化

量化的指标可以更明确的评价教师的教学和科研工作，它不像描述性评价容易掺杂个人主观因素，量化的考核也可以通过调整权重等方法使评价更科学。但在设计量化指标的时候，要充分考虑到质的方面的因素，不能单单考虑授课学时、发表论文数量等，否则容易产生教师对量的追求而忽视对质的追求的导向作用。

2. 工作量定额

一般来说，高校教师工作量包括教学工作量和科研工作量两部分。高校对科研成果的认定以科研与教学之间不可换算而形式各异。按照相关部门规定，教师科研工作量、指导学生以及论文等工作量的总和应占教师总工作量的三分之一，占教学工作量的二分之一。

3. 工作量核算

在工作量的核算上，大体可以分为两种方法：一是教学与科研单独核算；二是将教学工作量和科研工作量分别量化，赋予一定分值后加总，然后根据总分对教师的工作总量进

行排序。这两种统计方法都有各自的缺点：第一种不易于管理者掌握教师的工作总量，而第二种方法中，教学与科研是两个不同性质的量，直接相加不能准确反映教师的实际贡献，与实际也有较大误差，而且适用范围十分有限，只能在同一类课程或专业内进行比较排序。因此，大多数高校倾向于教学工作量与科研工作量分别核算，笔者也赞同这种计算方法。

（1）教学工作量的核算

教学工作量不应仅仅是教学授课工作量与班级系数简单的加乘计算，还应考虑到质的因素。同样讲授一门课程，有的教师讲课认真、备课充分，教学方法深受学生们欢迎，教学效果好，而有的教师则可能要差许多，如果按同样系数计算工作量，则教学好的教师就会心理失衡，应该将教师的教学效果计算到教师的工作量中。

（2）科研工作量的核算

科研对于教师来说，能够使自己与本学科领域的新进展保持一致，从而进行高质量的教学，学术研究的过程和结果往往能改变教学的内容和方法，因此高校教师必须从事一定的科学研究。但就工作量的核算来说，由于科研成果的学术性价值难以评估，从而给核算工作带来了很大的困难。因此，我们在核算科研工作量时，只能根据教师科研成果的类型以及级别进行核算。科研工作量主要包括发表论文、承担课题、出版学术专著。很多高校将教材视为科研成果的一部分，而在实际工作中我们发现，绝大部分的教材都是琐屑零星，反映不出作者的学术思想和学术水平，它更侧重于衡量教师对专业知识的掌握程度，缺乏对专业领域新问题的探究，其学术价值不大，更应成为教师教学活动的一部分，建议应在教学工作量中予以核算。在科研工作量的核算上，我们要给予那些从事周期长的基础性研究的教师一些特殊政策。比如，如果经学术委员会认定，该教师的科研活动有较高的学术价值，可以在成果出来之前，按阶段认定该教师的科研工作量，并在研究成果出来后，根据实际情况核算其科研工作量。

4. 加强师资队伍建设，实施有效的激励机制

根据高校以及学科的发展需要，有针对性地对教师进行培养，同时建立有效的激励机制，调动教师在工作中的主动性与创造性，是对高校教师按照现代人力资源管理模式进行管理的重要特征。

（1）师资队伍建设的基本措施

在师资队伍建设中，应在建设规划、人才引进和教师培养等方面制订行之有效的措施，特别要注意以下几点。

第一，教师队伍建设要着眼全局，要有前瞻性。教师队伍的培养首先应有全校性的指导性培养方案。全校的培养方案应是高校管理者根据高校师资队伍的现状，包括教师队伍的年龄结构、学历结构、学员结构以及学科间的数量结构，制订出本校的教师队伍建设规

划。各学院应根据本部门的师资队伍状况、教师个人的发展潜力和发展需求情况以及学科的发展需求制订详细的师资队伍培养规划。学院的培养规划要从学科建设的需要出发，要有前瞻性，同时还要充分考虑到教师的个人发展的需要。对教师的培养既要加强对精英人才的培养，培养出学科的学术带头人；也要加强对中坚力量的培养，这是高校教学的主干力量；更要加强对青年教师的培养，建立起一支老中青结合、结构合理的教师梯队。

第二，要做好人才引进工作。在高校的师资队伍建设中，人才引进对充实教师队伍，完善知识结构，活跃科研氛围起着重要作用，而且人才引进政策起效快，对学科建设的作用明显，往往成为管理者首选的建设措施。但我们应注意到，人才引进政策虽然容易出成绩，但副作用同样明显。由于给予引进的人才极高的待遇，使高校的优秀人才产生心理落差，挫伤了他们的工作积极性，最终造成人才流失；各高校纷纷用高薪吸引人才，虽然在客观上促进了人员流动，但却增加了高校的办学成本；容易引进的人才稳定性差，特别是频繁在高校间流动的人才，往往不能对高校的学科建设起到应有作用。鉴于此，我们在制定引进人才政策的时候，要根据公平理论，对给予引进人才的待遇进行恰当的设计。引进的人才必须对学科建设起到积极而有效的推动作用，要人有所值，而且同时还要给予本校内同等层次人才相同的待遇，以免打击其积极性，造成优秀人才外流。

（2）建立科学的激励机制

根据斯金纳的强化理论，人的行为是否重复发生，与该行为发生后给予的强化有关。如果行为发生后产生了令人满意的效果，则这一行为最有可能重复发生；反之行为发生后产生了令人不满的结果，那么这一行为将不太可能重复发生。同时，他不赞成使用负强化，认为会产生不愉快的影响，而且当行为不被强化时，便倾向于逐渐消失。人力资源管理学提出，从"以物为本"向"以人为本"的价值观转向，使有效激励成为管理工作的核心。高校教师作为一个特殊群体是高校办学的主体，是实现办学目标的主导力量，这就向高校管理者提出了更高的要求。如何充分调动高校现有教师的内在动力因素，把教师为实现目标的主导力量落实在工作的各个环节上，提高教师的教学水平、科研水平、创新能力以及为人师表的自觉性，是高校教师管理中的主要内容。科学的激励机制应根据受众的不同特点采取不同的措施。根据高校教师群体的特征，高校教师的激励措施应遵循以下原则。

第一，激励措施应将物质鼓励和精神鼓励结合起来。高校教师群体在个人的需求上对高层次的需求明显高于其他人群，注重精神激励会起到良好的效果。

第二，激励过程要注重公平性原则。根据美国心理学家亚当斯提出的公平理论，不公平使人的心理产生紧张和不安的状态，对人的行为动机有很大影响。当认为自己受到了不公平的对待，就会产生不满和消极行为，每个人都是用主观的判断来看待自己是否受到了公平的对待，在某种程度上，对奖励的相对值比绝对值更加重视。

第三，激励要注重时效性。奖励的时效对奖励的激励效果有很大的影响，它包括两方面的含义：一是奖励时机的选择。应在令人满意的行为发生后立即予以奖励，亦即正强化，这样强化的效果才最好。二是奖励频率的选择。奖励不能太频繁，太频繁则使其容易形成习惯，起不到激励的作用；而频率太低则会降低教师的期望值，打消教师的积极性。一般来说，长期性的、完成较困难的任务以及在工作满意度高的工作岗位，激励频率应小一些，但要让他们感到劳有所值；而经常性的、容易完成的工作和工作比较艰苦的工作岗位应经常进行激励。

第四，激励要适度。"误在失度，坏在过度，好在适度！"激励要适度告诉我们做事时把握好度，而不是简单的折中。激励的大小要与高校的承受能力、劳动的价值相适应才能服众，才能起到良好的激励效果。激励太多，容易产生不劳而获的心理预期，产生不了工作的动力；激励太少，劳而无获，同样也产生不了积极性。

（3）有效的激励模式

应从以下几种途径对教师进行激励。

第一，在薪酬制度设计上，要突出工作量对薪金总额的影响。过于平均的薪酬制度设计容易使教师在达到一定目标后产生惰性，如果在现有职级的基础上进行分化，同时拉开各级别间的薪金额度，可以使教师即使达到了某一级别仍有向上努力的空间。特别是教授岗位，因往上职称已经到顶，可以在那些距离带头人层次尚远的教师群体中设置教授的级别，只要达到了一定的教学工作量、教学效果以及科研工作量等，就可以拿到比未达到的教师高得多的薪金，这样设置的标准就成为一种导向。

第二，树立目标，激发教师的心理预期。这也是我们经常说的目标激励法。有关目标设定的研究表明，设定恰当的和富有挑战性的目标能够产生强烈的激励作用。目标太低，激发不了积极性；目标太高，由于实现无望也同样产生不了积极性。目标的设定应遵循以下原则：一是目标要有挑战性，要具有一定的难度；二是目标要有可实现性，是指目标是教师经过自身的努力可以达到的；三是目标要具有量化指标，设定的目标不能是一个模糊的概念，要有数量和质量的指标进行表示，以便于考核；四是目标应由教师参与制订，至少是绝大多数教师都可以广泛参与；五是目标的制订要与高校的发展目标相一致。高校要加强学科建设，提高教学质量，提升科研水平，改善教师结构，那么在教师的考核、酬金发放、职称评聘以及对教师的培养等方面都要恰当的提出对个人科研水平、教学质量以及知识结构、个人能力等方面的目标，这同时也是一种导向作用，使个人目标得以实现，间接达到高校目标的实现。

第三，公平对待教师的劳动是最好的激励措施。这里所说的公平，不是平均主义，而是按劳分配上的公平。我们在日常的工作和生活中，总是会与其他人进行比较，从而产生公平感或不公平感，教师同样如此。教师对激励措施往往更看重横向的比较，看其他人在付出同样多的劳动后得到的激励与自己获得的激励是否一致，而非仅仅是获得激励的绝对数量，而且这种比较绝对的激励对教师来说更为重要。因此，不公平的激励在效果上甚至不如不激励。

第四，言必信，行必果。要注重对激励措施的兑现，不能只说不做，这包括两方面的含义：一是在制订激励措施时，要充分考虑高校自身的承受能力，不能做出超过高校支付能力的承诺；二是做出的承诺就要兑现，即使当初的承诺已对高校的发展失去了意义，但在高校没有明确停止激励前，仍需要兑现，这样会使教师免除付出劳动却无法获得回报的后顾之忧。

第五，教师参与决策是对教师的最大激励。教师参与决策是治理理论在高校管理中的一种实际体现，也是发扬民主、满足教师受尊重和信任的需要，同时能增进决策者和教师间的了解，创造出相互信任的心理氛围，还能增加教师的满足感和归属感。教师参与高校政策的制定是高校合理、正确决策的必要条件，而合理、正确的决策本身就是对教师最好的激励措施。现代管理心理学认为，在一个团体中，经由民主讨论而做出的决策比由领导者独断专行做出的决策能更多地获得成员的关心和支持。教师参与决策，从实际行动上证明了教师是高校的主人，而不是旁观者。教师参与决策的方式有很多种，如教师代表大会、日常规定制订时的征求意见、经常性的沟通以及成立各种由教师为主导的委员会负责专项事务的管理。教师参与决策，可以充分利用高校教师群体的高智力资源，有利于决策的科学性和合理性，还可以体现教师在高校的主人翁地位，使教师感到自身的利益和高校的利益息息相关，更有利于调动教师的积极性，使教师资源得到更充分的利用。

（五）构造和谐氛围，形成独特的校园文化

校园文化是一种特殊的社会亚文化，是在特定的环境中创造出来的，与社会、时代密切相关又相对独立，有着鲜明校园特色的人文氛围、校园精神和环境。校园精神是校园文化的核心，是高校师生员工价值观和人生观的综合反映，是共同的理想、信念、追求，共同的行为规范和标准模式的综合体现。校园文化对教师的影响是看不见、摸不着的，也往往被管理者所忽视。现代的校园文化建设是现代人力资源管理理论与传统的人事管理制度之间的重要区别之一，校园文化建设对高校发展目标的实现起着保障和促进作用，主要表现在：校园文化可以有目的的引导、塑造高校内部成员的行为，增强教师行为的一贯性；文化本身就是一种黏合剂，可以将不同个性、不同思维方式、甚至不同价值观的教师黏合在一起，增强教师队伍的凝聚力；校园文化使教师在思想上自觉地将自己与其他高校区别开来，从而对增强教师对高校的认同感和归属感起到积极的促进作用；校园文化使教师自觉地将自身利益与高校的总体利益联系在一起，将教师个人的发展目标与高校的总体目标联系在一起，教师与高校荣辱与共。

校园文化的形成非一朝一夕之功，而是在长期办学实践的基础上，经过历史的沉淀、

自身的努力和外部环境的影响，逐步形成的一种特殊的社会文化形态。罗马不是一天建成的，但我们却不能因此而忽视了对校园文化的建设，教师作为其中的一分子，应该积极地投入校园文化的建设过程中，为校园文化的发展做出努力。

校园文化建设的首要任务之一，就是传承高校的悠久历史。"以史为鉴，可以知兴替"，历史是我们最好的老师。从高校的发展历史中，我们可以总结出高校建校以来发展中的成功经验和失败教训，从高校发展的荣辱兴衰中，可以帮助我们培养教师的自豪感和归属感。校园文化建设还要弘扬科学精神。科学精神是学者在长期的研究活动中形成的价值观和行为规范，是他们人格和精神气质中的精华，有着深刻的思想内涵和极强的思想文化教育功能。科学精神就是创新精神，没有创新，科学将失去生命力。在高校中弘扬科学精神，有利于教师正确树立世界观、人生观和价值观，有利于掌握科学的学习方法和研究方法，有利于教师深入地开展科学研究，提高教学质量和学术水平。

加强校园文化建设，不仅要给教师提供学术自由的发展空间，更要充分调动教师参与高校建设的积极性，为高校的发展献计献策。"百花齐放，百家争鸣"不仅仅是对教师的学术研究而言，对于高校政策的制定，更要坚持民主，在高校的决策中，要多倾听教师的声音，要认同在管理中出现的不同声音。只要全校教师都能投入高校的建设中，关心高校的发展，在各自的角度对高校政策的制定进行客观评价，我们就能在发展的道路上少走弯路，这样才能更快、更好地实现高校的发展目标。

加强校园文化建设，要建立和谐的人际关系，要创造良好的校园文化氛围，让教师有更温馨的环境，能集中精力搞好科研和教学，使教师能体验到自身存在的价值，使其被尊重、被关心、被爱护的需要得到满足。良好的校园文化氛围能维持并增进教师的心理健康，保证教师群体间的团结与合作。主要措施有以下几点：首先，改进领导作风，改善干群关系。领导者和管理者要平易近人，遇事要与教师多进行沟通，在工作上要协调一致；其次，应尊重教师在学术上的不同意见，尽可能地为教师创造良好的工作环境，关心教师生活上的困难，解除教师的后顾之忧；再次，高校要为教师间的人际交往创造良好的条件，消除各种障碍因素；最后，要加强对教师队伍中师德高尚、学术造诣突出、教学质量优秀的教师的宣传，使全校形成一种重品德、重知识、重人才的良好风气，使人力资源管理主体与教师之间形成一种互惠互利、默契双赢的局面。

总之，我们要把良好的校园文化作为高校效益、质量、规模协调发展的关键因素，并围绕高校的办学目标，合理规划，优化配置人才结构，更充分地发挥高校人力资源的效益。

（六）确保高校教育经费的投入

根据相关文件中规定："国家建立以财政拨款为主、其他多种渠道筹措高等教育经费为辅的体制，使高等教育事业的发展同经济、社会发展的水平相适应""国务院和省、自治区、直辖市人民政府依照有关规定，保证国家举办的高等教育经费逐步增长""各级人民政府教育财政拨款的增长应当高于财政经常性收入的增长，并按在校生人数平均的教育费用逐步增长，保证教师工资和学生人均公用经费逐步增长"，即"三个增长"。从目前的情况来看，我国有必要大力拓宽其他的融资渠道，比如发行教育公债，专款用于教育事业，特别是用于高等院校基本建设项目，使教育成本支出在若干年内分摊，这才是缓解高校大规模扩招、财政投入严重不足的一种现实而可行的政策。此外，还应该从税收、金融、物价等政策的角度给予高等教育更大的支持，相应地增加非财政性投资。高校要讲效率，要大力推进分配制度改革，推行"以岗定薪，优劳优酬"的薪酬制度。

第二节　高校教育文化管理创新

一、文化和文化管理的内涵及发展过程

什么是文化？随便在网上搜索一下，就可以发现，关于文化的定义有几十甚至上百种，虽然"文化"包罗万象，但不同的定义却又殊途同归地表达着"文化"的基本内涵，即观念形态、精神产品、生活方式这三层含义。具体来说，它包括人们的世界观、思维方式、民族信仰、心理特征、价值观念、道德标准、认知能力，以及从形式上看是物质的东西，但透过物质形式能反映人们观念上的差异和变化的一切精神的物化产品。高校文化，是高校思想、制度和精神层面的一种过程和氛围；是理想主义者的精神家园，是高校里思想启蒙、人格唤醒和心灵震撼的因素的结合体。高校应该让高校外的人向往，让高校内的人心情激动。高校是一个让我们永远怀念的场所。高校用人文精神培育出全面发展的优秀人才，使其成为民族复兴和文化复兴的中坚力量，高校要引领社会前进。高校文化是知识、能力、人格的升华和结晶。

文化管理就是"人化管理"，就是以人为根本出发点，并以实现人的价值为最终目的的尊重人性的管理。这种管理是靠管理主体与管理对象之间所形成的文化力的互动来实现的。文化管理的核心是"以人为本"。

高校文化管理与企业文化管理有着密切的关系，它借鉴了企业文化管理的思想，但是高校文化管理更是它自身内在文化因素发展的必然要求。因为高校本身就是一种文化存在，是一个文化实体，它是以传承和创造文化为己任的，是以文化为中介培养人、塑造人的机构。

高校与文化的关系是其他任何社会要素、社会组织所不可比拟的，在高校管理中，更应当重视文化的因素。高校文化管理是以文化为基础，注重高校文化建设，并利用文化要素和文化资源实施调控的高校管理活动，它具有价值性、伦理性、知识性、人本化、合作性、品牌形象性、整合性等特征。

高校文化是高校乃至全体师生的灵魂。高校文化建设的核心在于师生的认同，认同的关键是参与。可以说，无论是学生还是教师，如果对自己的高校文化没有清醒的认识，就像身处异国的游子，会产生陌生感和沮丧感，很难学有所成。

二、高校文化管理的特点和意义

(一)文化管理和高校文化管理的特点

1. 文化管理的特点

(1)管理的中心是人

从科学管理以物为中心转变为文化管理以人为中心，人既是管理的出发点，又是管理的落脚点。尊重人、关心人、培养人、激励人、开发人的潜力，是文化管理的关键。

(2)管理的人性假设前提是"善"

科学管理把人看作"经济人"，以"性恶论"为哲学依据；文化管理把人看作"自我实现的人"和"观念人"，以"性善论"为哲学基础。

(3)控制方法追求主动

科学管理以外部控制为主，重奖重罚是主要手段；文化管理中心内置，依靠人文关怀等激励手段调动、激活行为主体的内在需求和动力，追求主动发展。

(4)管理重点为文治

科学管理直接管理人的行为，职工的一言一行都有制度约束，是典型的法治；文化管理通过管理人的思想(信念和价值观)，间接影响人的行为，是一种新的管理方式——文治，即以文化来治理。

(5)领导者类型为育才型

在科学管理中，领导者恰如乐队指挥，属于指挥型领导；在文化管理中，领导者既是导师又是朋友，属于育才型领导。

(6)激励方式以内化为主

科学管理以外塑为主，依赖于工作的外部条件；文化管理以内在激励为主，着重满足职工的自尊和自我价值实现的需要，依赖于工作本身的魅力。

(7)管理特色具有人情味

科学管理的特色是纯理性管理，排斥感情因素；文化管理的特色是将理性与非理性相结合，是有人情味的管理。

（8）组织形式具有开放性

在科学管理中，权力结构明确，是"金字塔形"组织；在文化管理中，权力结构模糊，管理者与被管理者更为平等，是平等沟通、自找学习的学习型组织。

（9）管理手段具备"软"特征

科学管理是依靠强制性的制度和物质手段的投入；文化管理依靠思想交流，价值观的认同，感情的互动和风气的熏陶，即依靠非强制性和非物质性手段的投入。管理由硬管理为主走向软硬结合，以软管理为主。

（10）管理者和被管理者的关系改变为同伴互助

科学管理强调了上级与下级之间的关系，管理者靠制度约束人；文化管理中管理者和被管理者是为了共同的目标而携手并进的，是合作伙伴关系。

2. 高校文化管理的特点

高校既是文化发展的重要成果，又是文化建设的重要载体，作为人才培养的基地，高校理应发挥文化育人作用，为中国特色社会主义事业培养建设者和接班人。作为知识的集散地和思潮的发源地，高校理应成为社会文化的风向标和引领者。在推动社会主义文化大发展大繁荣的进程中，高校一方面要加强自身的高校文化建设；另一方面要承担文化传承创新、文化辐射引领和文化服务支撑的重要使命。突出"以文化人"的教化性，这是高校文化区别于其他文化形态的重要特质；注重主流价值的导向性，这是建设高校文化的必然要求；建设各具特色的高校文化，这是各个高校张扬个性，增强文化发展生命力的关键所在。

（1）教化性

高校以人才培养为天职，高校文化必须始终围绕"育人"这一中心任务展开。高校"以文化人"，即通过文化潜移默化地感染人、熏陶人、教化人，从而达到情感陶冶、思想感化、价值认同、行为养成的功效。按照马克思主义的观点，教育的目的是促进人的全面发展，高校文化育人的过程实际上就是塑造健全人格、开发智力潜能、丰富生命内涵，使受教育者得到自由、全面、完整发展的过程。

（2）导向性

文化并非一个中性的概念，其本身具有鲜明的价值取向。当今社会呈现出多元思想文化相互交织、相互激荡的格局，需要一个占主导、支配地位的价值观来引领高校文化建设。在高校文化建设中，必须坚持以马克思主义为指导，坚持不懈地用中国特色社会主义理论体系教育师生，推动中国特色社会主义理论体系进教材、进课堂、进头脑；加强理想信念教育，弘扬以爱国主义为核心的民族精神和以改革创新为核心的时代精神；深入开展社会主义荣辱观教育和社会主义核心价值观教育，全面加强高校思想道德体系建设。

（3）独特性

有个性才有魅力，只有特色鲜明的高校文化才是有生命力的文化。虽然高校精神具有探索真理、崇尚学术、传承文化等共性追求，但由于各个高校文化传统、类型风格各异，社会对高校的需求多样化，因此必须建设和发展各具个性的高校文化，营造不同类型、不同层次、不同风格的高校文化形态，形成异彩纷呈、和谐互补的整体高校文化格局。多年来，我国不少高校办学定位趋同、办学理念雷同，导致高校文化建设缺乏个性，存在着同质化的倾向，这从反映高校精神文化精髓的校训表述中就可以看出，"求是""创新""厚德"等成为千篇一律的高频词。

（二）高校文化管理的意义

文化，这是一种历久的精神创造活动及其成果。对于一个民族来说，文化是民族之根；对于一个国家来说，文化是国家之魂。

纵观高校发展的历史，正经历着从经验管理、制度管理（科学管理）向文化管理转型的历程。高校文化管理是一种新型的更高级的管理形态，是高校经验管理、制度管理（科学管理）的总结和升华，是管理内容的回归，是与知识经济时代相适应的高校新的管理方式。作为高校管理者，构建校园文化，积极推进高校文化管理具有极其重要而深远的意义。

随着社会主义市场经济体制的建立和完善，高校建设中也逐渐引入了市场力量，高校之间的竞争在逐渐地加剧。高校要在竞争中处于优势地位，必须具备某种核心能力，充分发挥文化传承创新功能、文化辐射引领功能和文化服务支撑功能。文化对高校和人的发展存在的影响可以从深、广、远、忧四种状况来理解。

深：高校文化管理是一种内隐的、深层次的、无形的力量，这种力量决定着高校的改革、发展和成败。文化是根、是魂、是格、是力。高校文化具有导向功能、提升功能、凝聚功能、激励功能和稳定功能，为高校的发展带来动力。

广：文化无处不存在、无人不显示、无事不体现，弥漫在整个高校的全部生活之中，甚至影响到社区文化和城市文化。

远：与生俱在、与校共存、与人同享，学生时代经历先进高校文化的熏陶会一辈子受用不尽。

忧：我国市场经济急剧发展变化，竞争空前激烈。先进高校文化建设是高校优质发展的根本，没有文化底蕴的高校，必然会被时代的发展所淘汰。因此，只有高校文化，即高校的不同追求、不同理想、不同价值取向以及由此形成的不同管理风格、工作方式和生活方式，才是一所高校与其他高校的根本区别。

高校文化的内部功能主要表现为教化育人，高校文化的外部功能则包括文化的传承与创新、传播与辐射、示范与引领、服务与支撑诸多方面。

三、高校文化管理的举措

针对高校文化素质教育管理存在的问题，相对于高校硬环境建设和制度建设，高校文化建设具有看不见、摸不着的隐性特点，需要我们做出更加艰巨、更加长期的努力。

高校文化与制度管理是有机统一、互为补充的。做管理工作最终的落脚点是人的思想问题。严格管理的规范的制度能否落实到位，取决于人的思想高度和认识程度。高校文化必将为制度管理提供一个人文环境。

可以说，文化与制度的关系一如道德与法律，高校文化是高校制度的有益补充，两者相互统一。总之，高校文化的出现和完善不仅是高校发展的必然，也将是传统教育方式向素质教育方式转变的必由之路。这种文化又是人的文化，是以人为本的文化，突出"人文""人本""人情""人性""人权"在管理中的作用，从而形成一个强大的"磁场"。它是弥漫在空气中的一种精神存在，或见于谈吐，或形于笔端，形成高校管理的文化，即所谓的管理文化。校园文化建设在高校管理主要从以下几方面来展开。

（一）用物质文化陶冶人

校园物质文化是校园的外显文化，是以某种文字符号为载体，将校园精神显现于校园的各种标记物之中，如校徽、校服、校歌、校刊校报、雕塑、高校建筑、艺术节、文化墙、名言警句等，它是校园思想文化建设的前提和条件，是思想文化、制度文化赖以生存发展的基础和载体，有利于陶冶师生的情操。优美的校园环境有着春风化雨，润物无声的作用，如诗如画的校园风光，干净整洁的校园环境，美观科学的教室布置，文明健康的文化教育设施等，无不给学生以巨大的精神力量；学生在优美的校园环境中受到感染和熏陶，触景生情，因美生爱，从而激发学生爱高校、爱教师、爱同学、爱家乡、爱祖国的高尚情操；所有这些都有利于学生正确的世界观、人生观、价值观的形成。

（二）用制度文化规范人

校园制度文化是指校园人在交往过程中缔结的社会关系以及用于调控这些关系的规范体系，是校园一切活动的准则，它包括相关的法律法规、高校管理体制及其规章制度、组织机构及其运行机制、特定的行为规范等。校园制度文化从根本上决定着校园的正常运行和创新发展，是校园思想文化建设的保证。建立和健全高校规章制度，塑造良好的校园制度文化，是校园文化建设的重要内容，也是提高高校有效执行力的重要保障。制度文化以其导向性与规范性、稳定性与发展性、科学性与教育性的特征彰显校园文化。

（三）用思想文化凝聚人

校园思想文化是指高校在长期办学过程中形成的一种高校意识和文化观念，它是一种深层次的校园文化，是校园文化的灵魂，主要体现在班风、校风的建设上。校风、班风看不见、摸不着，但它渗透表现在校园内多种文化载体及其行为主体的身上，让人时时处处切实感受到它独特的感染力、凝聚力、震撼力。置身其中，受教育者无须教育者更多的说教便会自然而然地、不知不觉感悟它对心灵的净化和情感的熏陶。校园思想文化是校园的内隐文化，是校园文化的深层内涵，是在长期的校园物质文化、校园制度文化和校园行为文化的建设过程中积淀、整合、提炼出来的，用来反映高校广大师生员工共同的理想目标、文化传统、学术风范和行为准则的价值观念体系，难以用文字、符号表达出来。校园思想文化是一所高校整体面貌、水平、特色、凝聚力、感召力和生命力的体现。

校园思想文化作为一种强大的教育力量，对广大师生的健康成长有着巨大的影响：一是导向功能，即指导个人正确认识和处理个人与高校组织的关系，把个人行为引导到高校组织目标上来，使他们向着高校期望的方向发展；二是凝聚功能，即思想文化起着心灵黏合剂的作用，它把各个方面、各个层次的人都聚合到一起，使师生员工对高校产生一种使命感、自豪感、归属感，形成强烈的向心力、凝聚力和群体意识；三是激励功能，即思想文化往往能产生一种激励机制，激起校园人的积极性、主动性与创造性，使高校成员保持高昂的情绪和奋进精神，获得各种精神需求的满足；四是控制功能，即思想文化具有强大的心理制约力量，使校园人接受必要的约束，使个体行为符合共同的准则；五是辐射功能，即校园思想文化以其独特的方式，在向师生教育、影响的同时，也对周边及社会产生影响。

高校文化与制度管理具体包括校长文化管理、教师文化管理、学生文化管理、物质文化管理和精神文化管理五个方面。此外，还有教室文化管理、教研组文化管理、宿舍文化管理、食堂文化管理等。

第三节　高校课程管理体制的改革与构建

我国高等教育正在从精英教育向大众教育转变，同时随着加入世界贸易组织，国际化的影响更加强大。为了使高校课程更好地为培养人才服务，满足社会各方面的要求，对于高校课程管理，政府提出了相应的政策，各利益团体也提出了各自的要求，怎样构建一个良好的高校课程管理体制就成为迫切需要解决的问题。下面从中央政府、省和高校三个层面提出我们的改革思考。

一、政府对高校课程管理体制的改革

我国自高校创办以来，实行的就是中央统一的课程管理体制，由政府对高校课程做统一规定和管理。比较各国课程管理体制中我们也认识到，一种课程管理体制经过改造建立后，会成为本国组织管理文化的一部分，按本国社会和体制的逻辑向前发展。我国各地区差异较大，高校课程管理体制的改革需要强有力的政府做支撑，这些都要求我国需继续实行中央统一的课程管理体制。

一方面，高校课程与教学、科研是紧密联系的，过于严密划一的管理会使它们受到损害，妨碍课程的发展与功能的发挥。另一方面，相关部门不必包揽所有高校事务的管理，这需要庞大的机构、人员和经费，同时过多的规章制度也会造成太多的照章办事，限制管理者的创新能力，使得庞大的组织难以对外界变化做出及时的反应，也难以防止出现不必要的麻烦。

（一）国家立法

高等教育法律是国家治理高校课程的依据和必要手段，法律一经颁布就具有强制性和稳定性。强制性意味着法律由政府强制执行，使得法律意识得到被管理对象的服从；稳定性指法律一经颁布就具有持久性，法律的稳定性可以制约政府的高校课程管理行为，使高校课程受政府的行政干扰较少。国家不仅要制定出健全的法律，还要不断针对高校课程管理的新问题制定相应的法律。

（二）高校课程管理制度的建立与变更

制度的建立指确定政府、高校及有关机构之间的权力、职责和隶属关系，形成有效运转的体制，更好地实现国家意图和高校课程的目标，从而更好地实现国家的整体利益。制度一经制定不可能一成不变，高等教育的发展必然要求重新分配各部门、各单位、各职务之间的权责，甚至取消一些部门、单位而新建一些机构，通过制度的变更以增加政府、高校的课程效能。政府在高校课程管理制度的建立与变更过程中应发挥主导作用，即政府在将高校课程管理权重新分配，扩大高校自主权，增强政府的宏观调控功能，并形成相应的机构设置，确立相应的规范中承担起主要的调节任务。

（三）提供经费

提供经费是国家控制高校课程最常用的办法。高等教育事业日益扩大，高等教育经费也迅速膨胀，世界各国出现不同程度的高等教育财政危机，给高校带来了比较大的冲击。为使高校功能的正常发挥，政府应该继续承担起提供经费的主要责任，不断增加拨款，同时鼓励资金来源的多样化。政府除提供大量无条件的日常经费外，还可以通过提供一些有特别规定的经费来影响高校课程，如为国家急需学科设立基金、提供特定科研经费、设立重点教学改革项目、重点教材建设项目等。

（四）提供信息、咨询、评估等服务

国家教育部门可以协助支持或从事研究和开发工作，搜集统计资料，将其发现或成果提供给社会大众、教育政策制定者、实际课程工作者和高校，使高校课程管理工作做得更好。政府有人员的优势，可以在具体领域做出引导，主要是办学方向的确定和办学水平的评估。由国家组织有关社会组织对高校课程进行评估，健全评估体系，或者对高校课程管理提出要求、建议和展望，发挥其支持、认同的作用，这些组织都可以逐步转化成民间性专业协调机构。

二、省、直辖市对高校课程管理体制的改革

我国高等教育体制改革的明确趋势是实行中央与省两级管理，中央主要负责大政方针、宏观规划和监督检查；对地方所属高校的具体政策、制度、计划的制定和实施以及对高校的领导和管理，责任和权力均交给地方，进一步加强省、自治区、直辖市对设在本区的国务院各部门所属高校的协调作用。

省级高校课程管理是实现中央简政放权，院校地方化和大众化，是高等教育课程管理的重要力量。我们认为，要完善高校课程的省级管理体制应该做到以下几点。

第一，建立、健全省级课程管理法规。省级高校课程管理权限必须有法律依据才能得到保障，同时通过法律规定也明确了省级课程管理的权限。

第二，省要综合运用统筹规划、政策引导、拨款控制、信息服务、执法监督、检查评估等多种手段，实现课程宏观管理的目标。

第三，完善省级课程管理决策系统。首先，成立由政府人员、高校管理人员和有关专家组成的高校课程管理的协调机构，对省高校课程管理政策等问题进行审议。其次，成立以专家为主的教学质量评估组织，对高校课程实施质量进行监督。最后，省级相关部门应在处理高校课程、教学等业务方面安排人员，由他们结合前两个组织及省政府的领导，承担起课程管理的业务职责。当然，他们对课程的管理也是以宏观为主。

三、高校内部的课程管理体制改革

高校课程管理就内部机构设置而言，校、教务处、院系三级机构比较合理，这三级机构主要是行政管理机构，作为完善的校内课程管理体制还应该设立负责审议、咨询或决策的专业性机构和团体，后者在我国高校内部的课程管理体制中是相对缺乏的，需要建设的是校内课程管理的监督、审议机构。目前的高校学术委员会虽对专业的设置具有审核的权力，但难以承担起对课程的监督职责，应该在校学术委员会之下设立各专业的教学委员会，结合院系的学术委员会和教研室，吸收更多的专业教师对课程的开发和实施一系列过

程进行评议、调节和建议。

　　高校课程管理机构虽比较完善，但高校课程管理的主动性不大；高校内部长期的按统一步调行事，教师的主动性也没有得到发挥。根据相关文件规定"高校依法自主设置和调整学科专业""根据教学需要，自主制定教学计划，选编教材，组织实施教学活动"。因此，高校必须对课程实施主动的管理，否则失去国家依靠，自身又无力管理调节课程，高校课程会陷入混乱，从而使高校办学水平降低，以至无法维持。作为领导层的校级和教务处主要的任务是做好课程的决策和对院系级课程方案实施的审批、监督、规划职责，应将具体的课程内容、专业课目设置、学时安排等课程事项交给院、系、教师处理，既然院系是校内专业思想和专业知识的汇集之处，那么就应该允许它们有更多的决策权。就某种程度来讲，这一逻辑也表明院系中的专业教师和专业管理人员由于具有专业知识并与周围环境和学生有着直接关系，因此应该拥有对具体课程事项的更大影响力，即教师在决定教什么，怎样教和教什么人方面具有更大的自主权。

　　高校课程管理体制应该调整课程决定的权力结构，赋予高校教师更多的课程自主权力和责任。所有的课程计划或开发都应给教师充分的参与机会，从课程的最初计划到最后课程的产出的整个过程，教师是参与的伙伴，教师的观点、建议应得到妥善采纳和处理，并在课程中体现出来。行政人员要改变控制一切的心态，鼓励教师控制教学过程，即在高校课程的编制、实施和评估反馈的循环中，扩大教师专业能力对课程的管理。

　　高校课程管理还有一个不可忽视的群体——学生，学生在课程等学术性事务中不占主导地位，但对课程的形式、时间安排和某些课程的设置有很大的影响，学生也是课程评价反馈的重要力量。因此，应给学生更多的专业和课程的选择权，实行比较完全的学分制，使课程形式更加灵活，以适应和满足不同学生的需求。同时，应通过教务处、院系积极吸取学生对课程的要求、评价等反馈意见，使课程得以更好地改进。

第四节　高校教育课程考试管理创新

一、高校课程考试管理概述

　　考试的概念有广义和狭义之分，这里的"考试"是狭义的考试，即由主试者根据一定的社会要求，在一定的场所，采取一定的方式方法，选择适当的内容，对应试者的德、学、才、识、体诸方面或某方面所进行的有组织、有目的地测度或甄别活动。因其性质、目的、内容、方法、手段的不同，考试可分为众多类型，如根据目的的不同，考试可以分为配置性考试、形成性考试、总结性考试和选拔性考试，课程考试就包含了其中的形成性考试和总结性考试。形成性考试是在教学过程中进行的各种测试，主要目的是了解教学效果，及时发现教学过程中存在的问题，以便改进，并为平时成绩的评定提供依据。总结性考试是在课程结束后进行的，主要目的是督促学生全面系统地复习，并对学生的学习效果和教师的教学效果做出评价。

高校课程考试是指高校内部根据课程教学目标的要求和高校教育目标的具体规定，自行主持实施的考试活动，包括平时测评和学期考试。其基本任务是检测学生的学习成绩，督促学生学习，发现教学中存在的问题。其目的在于掌握高校的教学情况，改进教学和督促高校教育目标的实现。其功能可归结为下述五种：第一，检查测评功能，即检查和评定学生对课程大纲所规定的基本知识、基本原理的掌握程度。考评和检测学生运用所学的基础理论在实践过程中分析问题、解决问题的能力、创造力和潜力。第二，导向功能，即发挥"指挥棒"作用。通过对考试内容、考试形式的合理安排，引导学生正确学习，使学生达到预定的培养目标；通过严密的考试规程，考试结果的客观评价和公正使用，能培养受教育者务实求真、遵规守纪、崇尚科学的习惯，增强行为主体的责任感、公德意识。第三，激励功能。考试作为一种检察学生学习效果的手段有着反馈作用，而反馈结果又对学生起着激励作用，考试结果可以反映学生的知识掌握程度和能力发展情况，以及所存在的问题。此外，考试作为一种检查教学成果的手段，对教师有着激励作用。考试结果反映了学生的学习情况，而学习情况又反映了教师的教学投入、教学内容、教学方法和总体教学水平，教师可通过考试结果总结发现自身的薄弱环节。第四，鉴定功能。教育管理部门通过对考试结果的分析、认可后，依据有关规定，对学生、教师和教学管理人员进行鉴别，以区别优劣，进行奖赏。第五，系统整合功能。由于学生平时学习时节奏较慢，各知识之间难以做到全面领会，而考试来临之际，学生已完整地学过一门课程理论，他们可以将所学的基本知识和基本技能进行系统、全面地归纳、整理，进一步地将各部分所学的内容有机地联系起来，以达到融会贯通。学生的归纳综合能力、思维能力、创造能力和自悟能力在这一过程中可以得到全面系统的综合发展。考试功效的实现是需要一定条件的，离开了一定的条件，考试功效非但不能实现，甚至还会严重地扭曲。那么，这一定的条件是什么呢？它就是量尺标准、实施规范、结果真实和使用公正，其中任何一方面出现偏误，都将影响考试功效的正常发挥，而这些条件的创设，就必须依靠严密科学的考试管理。

考试管理是以考试活动为对象，以提高考试活动效率、实现考试活动预期目标为目的的专门性的管理活动。高校课程考试管理则是以高校课程考试为对象，以提高考试活动效率，检测教师课堂教学质量，发现教学中存在的问题，充分评估学生的学习效果和学习创造能力为目的的管理活动。严密科学的考试管理具有以下功能。

（一）维护考试的权威

现代社会中的各种考试都有其特定的目的，正因为如此，无论什么考试，其程序、内容、方法一旦确定，不管是对于考试的组织者还是对于考试的参加者，都必须受到考纪考规的约束，而通过考试所获得的结果，都有法定的或公认的功用和社会价值，这就是考试的权威。任何一种权威的建立和维护，都离不开一定的条件，那么建立和维护考试权威的条件是什么？它就是考试的各种规章制度，它是对考试活动全过程的管理。考试管理是保证考试预期目标能够得以实现的条件，即对一切有可能影响、阻碍考试预期目标实现的行为予以劝告、制止直至强行控制的活动。科学而有效的考试管理可以保证考试活动能在公平、公正的环境中进行，加上考试结果的采用同样公平、公正，就会获得学生对课程考试的认可，并积极地参与考试且自觉地维护考试的规章制度。

（二）实现考试的功效

任何社会活动功效的实现都离不开一定的条件，考试活动不但是一种社会活动，而且是一种特殊的社会活动，只有具备了一定的条件，考试功效才能实现，而这些条件的创设，是必须依靠严密科学的考试管理，把考试活动的全过程置于有效的控制之中。同时，这种控制必须是全方位的。所谓全方位，是指考试活动全过程的每一个方面和每一个环节都必须有严密的控制措施。从考试的各个环节来看，无论哪个环节出现问题，都会给考试的功能造成危害。考试成绩的失真，不能发挥其检查教学效果的作用，不能使学生比较真实地了解自身在科学文化知识，以及技能等方面的优势与劣势。施测前后出现的问题，如考场设置、考试质量分析等，有时看上去是小事，但如不及时纠正，任其发展，对勤奋学习者是压抑，对投机取巧者是一种放纵，从而不能实现考试功效。

（三）树立踏实进取的学风

所谓学风，即治学之风尚，立校之根本，它是靠广大师生员工在科学研究、思想教育、行政管理和后勤服务等工作中共同努力建立起来的一种治学态度。因此，学风问题是高校工作中的一项重要的基础建设，是高校教育中一个不可忽视的问题。首先，良好的考风和学风具有很强的感染作用。学风是一种精神力量，它可以被感知、效仿、传播和宣传，从而形成强大的心理影响力和群体舆论，感染并熏陶每一位师生，而且对不适应者形成压力，使个体行为逐步适应群体行为。其次，良好的学风具有激励作用和良好的导向作用。多数学生的良好学风对少数学生的不良学风是一种示范和鞭策，促使具有不良学风的学生转向接受这种行为准则。最后，当坚持良好学风的个人受到高校的表彰时，学生会因之受到很大鼓舞，甚至将这种学风内在化，成为个人治学和成才的座右铭及行为准则。严密科学的考试管理可以帮助学生形成正确的是非观，是非观是人们思想道德和行为的基础。如果在考试管理中法纪严明，不仅可防止或减少违法、违纪现象的发生，还会引导学生对考纪考规的重要性、严肃性形成正确、明晰的认识，强化执法、守法观念，逐步养成遵纪守法的习惯，增强法律意识，它有利于消除投机取巧的病态心理，树立踏实进取的学风。可见，严格考试管理是促进学风建设的一个重要环节。

二、高校课程考试遵循的原则和运行条件探讨

（一）高校课程考试应遵循的基本原则

课程考试是教学过程中十分重要的环节，它不仅要完成对学生在经历一个教学过程后学习情况的评价任务，而且还要检查教师的教学效果与水平，诊断教学中存在的问题，反馈教与学过程中的各种信息，进而发挥促进教学改革的作用，它所特有的检察测评、导向、激励、鉴定和系统整合五大功能是其他教学环节所不能替代的。高校课程考试必须适应社会发展的需要，必须适应被考者的身心发展水平，必须有利于促进和客观评价学生综合运用所学知识解决实际问题的能力，必须有利于提高教师教学水平，以保证不断提高人才培养的质量。考试原则是从事考试活动、处理各种考试问题、规范考试行为所必须遵循的基本原则。高等教育学会对高校考试设定了九条原则：①考试应以教育价值为出发点；②考试的成效体现在如何尽可能地把学习的多维性、综合性和实用性反映出来；③考试要关注结果，但同时也要关注产生结果的过程；④考试只有在其力求改进的项目上有清晰、明确的目的时才能最好地发挥作用；⑤考试只有在持续而一贯的体系下才能最好地发挥作用；⑥考试只有在来自教育界人士广泛参与的情况下才能获得更广泛实质的改进效果；⑦考试只有以人们真正关心的问题或需要为出发点并阐明问题才有作用；⑧当考试成为促进教育改革大环境下的组成要件时，它可能引发教育变革；⑨通过考试，教育者向学生和公众尽责。

课程考试管理是一项基本的教学管理，是保证考试的公正性与客观性，正确发挥考试功效，促进教学工作的关键环节之一。考试管理质量直接关系教风、学风的建设和教学质量的提高，是衡量高校办学水平、管理水平的重要标志。加强高校课程考试管理应遵循以下原则。

1. 方向性原则

考试管理是管理者根据既定考试目标要求，运用适当的程序、方法、手段及行为规范，合理调配人力、财力、物力、信息等资源，对考试活动实行有效控制，以实现共同目标的一种社会活动过程。考试管理既因一定管理目标的需求而启动，又以实现预定目标为归宿，其管理过程的产生与形成均以一定的管理目标为先决条件，而目标本身又要体现出

一定的方向；目标的正确与否要以所引导的方向是否正确作为衡量的标准。因此，科学的考试管理必须坚持方向性原则。

2. 科学性原则

科学性原则是指运用现代管理理论、教育测量与评价理论、教育管理理论、心理学理论等作为充分的科学依据，使考试管理活动具有可靠性、可信度，并采用科学的考试管理方法、成熟的管理经验，使考试管理活动行之有效，以利于实现预期的管理目标。

3. 公正原则

考试管理公正与否，关系到考试的权威性，反映的是校风考风的建设程度，而且考试直接关系到被试者的切身利益，直接影响被试者的心理，影响着个体对社会的态度。因此，我们要积极地创造条件使考试尽量接近公正。

4. 系统原则

系统是指由相互联系、相互作用的若干组成部分构成的有机整体，这个整体具有其各个组成部分所没有的新的性质和功能，并和一定的环境发生交互作用。考试管理是一项系统工程，它包括教学管理工作、德育工作、后勤保障工作等方面，涉及教学系部、学生处、党团组织、总务、保卫等部门，教学管理部门要妥善安排，使考试工作井然有序地进行。

（二）高校课程考试管理运行条件的探讨

考试管理，其目的在于维护考试的标准规范，维持考试实际运作与计划方案相一致，使考试沿着预先设定的轨道运行，同时对不切实际的计划予以及时调整，纠正运行过程中出现的偏差，矫正反馈信息中不确切的数据或结论，保证考试结果的真实性，并从中分析成功与失败的原因，探明修正的途径，通过反馈给新的考试运行提供理论及实践的依据。将考试目的从观念形态转化为现实形态，高校课程考试管理的正常运转应具备以下条件。

1. 健全的考试组织机构

若无健全的考试组织机构，自然也就谈不上深入开展考试实践中相关问题的研究，要不断更新、完善考试的理论，用以指导新的考试实践，进而强化考试并主动适应社会发展需求的能力，使之正确发挥其功能。考试组织是考试队伍的依附体，考试组织不健全，就不可能形成稳定的专业考试队伍，整个考试的设计、实施与管理必然是临时拼凑，量尺标准、实施规范、结果真实的施考目标就难以企及。

2. 素质优良的考试管理队伍

一切先进的控制技术设备，各类考试行为规范，各项工作标准都有赖于高素质的控制者通过对人的有效控制充分发挥其作用，进而给考试运行以积极的影响。培养和造就一支高素质的考试管理队伍是保证考试质量，提高考试效率和效益的需要。参考考试管理系统的运行环节，考试管理队伍可以划分为考试行政队伍、考试业务队伍、考试科研队伍三类。

考试行政队伍是考试队伍中常规性的人员配置组合，它包括高校、职能部门及教学单位的领导者和一般行政工作人员。考试行政队伍的职责是负责考试管理机构各项职能活动的顺利进行和考试管理目的的有效实现。

如果说考试行政队伍的建设是源于加强考试活动外部组织管理的要求，那么考试业务队伍的建设则是出于考试流程内部运行的要求。考试活动是一个动态的运行过程，其流程要经过命题、施测、评卷等依次相连的环节，各个环节都事关考试的质量。以命题队伍为例，倘若命题人员不能把人才评价标准准确体现于测试内容和目标中，作为充当测试工具的试卷就失去了效用，考试活动的效果、价值也就无从谈起。

考试科研队伍是伴随着现代考试改革和发展的深入而日益显示重要性的一支必不可少的考试队伍，其职责是结合高校教育教学实际，重点研究课程考试的理论与实践问题，从而为高校的考试活动提供理论指导。高校课程考试时间的非经常性决定了考试管理队伍的非专职性，也就是说，他们基本上都是兼职考管人员。应该特别指出的是，为了保证课程考试质量的不断提高，非专职性的考试管理队伍应该具有专业性的水平。

3. 健全的考试规范、严密的考试程序和科学的考试控制标准

它们是实行考试控制的依据和准则，是引导考试运行方向、防止考试运行偏离预定轨道的保障措施，同时它也是维护考试权威性、公正性的必要条件。所谓考试规范，亦即考试运行的规程和参与考试活动各类人员的行为准则，它是控制考试运行的直接依据，一般包括考务规程、命题细则、监考守则、考场规则、评卷实施细则、考试信息管理规定、保密规定、违纪处罚规定等。严密的考试程序是指从考试命题、实施到评价分析反馈、考场编排、各类工作人员配置等各个环节都要严格要求，注重考试的整个过程。科学的考试控制标准包含时间标准，如命题制卷、考场设置、施测、阅卷评分、考试结果分析处理等的起止时限要求；数量标准，如考点设置、考场编排、试卷长度和满分值、试卷印制与分装、施测环节各类工作人员配备、阅卷人员及所需设备配置的数量规定等；质量标准，如考号及考场编排的科学性，考点、考场设置的规范性，各类人员配置的合理性，施测控制的严密性，试题编审和试卷印制的合格率，试卷分装的标准性，评分、计分、登分、核分的准确率或差错率以及考试成绩的可靠性、有效性和公正性等。

4. 良好的信息传输与反馈机制

倘若"没有确切的信息反馈，科学的统计方法和先进的技术手段就谈不上对考试流程进行富有实效的控制"。从整个考试的过程来看，考试质量分析是信息反馈的主要途径，应该根据考试结果为学生提供反馈，以检查教学目标的实现情况，检查教学措施的实施效

果，发现教与学两方面存在的问题，从而改进教学工作。研究表明，运用反馈以增加学生课堂反应数量和提高学生课堂反应质量的教学，对促进大学生批判能力的发展有一定作用。从教师自身而言，在试题反馈分析的过程中，能够及时收集来自学生的真实信息是一次向学生学习和自我学习的过程，通过试题反馈分析，教师不仅了解了学生的学习需求与希望，看到了命题中需要改进的问题，还能从这一教学情景中获得许多启示和感悟，通过与学生交流，促进教学反思，在反思中学习，在反思中丰富教学经验，从而提高教学能力。从教学管理的角度而言，组织试题反馈分析的过程就是检查、反思、总结、促进教学相长的过程，它为今后命题、考试、评价等诸方面教学管理工作积累了宝贵的经验，同时也为教学双方提供了一个平等、真诚的教学交流和情感互动的平台，对师生双方都起到了积极的促进作用。通过考试的质量分析，能够使考试决策层及时客观地了解考试的情况，从而对考试活动中出现的种种偏差进行分析，以探明考试造成偏差的原因，并进行调节和控制。良好的信息传输与反馈是保证考试决策正确的重要依据，也是促使考试走向科学化的必要措施。

三、高校课程考试管理改革的对策

高校课程考试管理是一个由多因素组成的相互制约、相互促进的封闭的动态系统，因此改革高校课程考试管理应该坚持系统论的观点和方法。

（一）推进考试观念的深层次转变

思想观念是行动的先导，"欲革新，先革心"。由此可见，转变高校领导、教师、管理人员乃至学生对于课程考试的观念，是推进高校课程考试改革的前提和基础。关于考试观念的转变，必须解决以下三个问题：首先，必须正确认识考试在人才培养中的作用与地位。关于考试在人才培养过程中的五种功能，是其他教学环节所不可替代的，这是因为它在人才培养过程中的作用与地位，也是一种客观存在。其次，到目前为止，高校从领导到教师再到一般教管人员虽然对此有所认识，但在实际工作中并未重视其作用的发挥，或基本没有研究过如何去发挥这种作用。这里要强调指出的是，高校领导、教师和教管人员不仅要在口头上，还要在思想上真正承认考试是一门科学，要真正弄清、弄懂这门科学，因为唯有了解和掌握考试的理论，运行规律、方法与技术，才有可能在课程考试中正确、有效地运用这门科学。最后，必须正确认识考试管理是一项关系考试成败、人才培养质量的系统工程。考试活动是一门科学，考试管理活动是考试活动的重要组成部分，因此考试管理理所当然也是一门科学，考试管理不仅是一门科学，还是一项系统工程。对于高校领导、教师和教管人员来说，一要真正认识考试管理是一门科学，是一项关系考试成败、人才培养质量的系统工程；二要学习、掌握这门科学，了解、熟悉这一系统工程的特点、运行规律和控制理论与方法等，唯有如此，才能够确保课程考试组织实施的科学有效性。

（二）建立考试中心，完善考试管理规章制度

考试管理要系统化、规范化，首先必须建立健全考试管理机构。考试是一项系统工程，为保证考试的顺利进行，提高考务人员的业务水平和考试管理质量，高校应该成立考试中心，统一管理高校课程考试。作为高校考试的综合管理机构，考试中心的职责与任务包括以下几点。

1. 统一规划、组织和实施高校的课程考试

传统课程考试的模式是高校制定统一的要求，各教学单位自行命题、制卷、施测、评卷、登分，有的高校有总结评估的环节，有的高校没有。课程考试事关人才培养质量，又是一项科学性、技术性很强的系统工程，应该由高校即考试中心统一规划、组织和实施。

2. 建立、完善课程考试管理规章制度并坚持严格实施

课程考试的主要目的或功能是育人，是有利于人才的培养和成长，为了实现这种功能，达到这种目的，课程考试及管理就必须科学严密，故对其管理必须有一整套科学、合理、严密的规章制度，并在课程考试中坚持严格实施。

3. 针对高校课程考试的实际和需要，开展课程考试的评估与研究

对实施的课程考试组织分析、评估和根据需要开展针对性研究一直是高校重视不够的薄弱环节，而这又是一项提高课程考试质量，促进人才培养质量提高的重要工作，所以这将是考试中心的一项十分重要的任务。

4. 承担考试管理方面的人员培训

课程考试的监考人员一般是临时和兼职人员，对其进行培训是必需的，如组织他们学习《监考须知》《学生考试行为规范》以及《考试违规处罚条例》中的各项条例等，要求他们以高度的责任心和严肃认真的态度对待每一场考试。

（三）培养和建设高素质的考试管理队伍

精干的考试管理队伍，是有效发挥考试管理功能的根本条件之一。严明的法纪可以使考试管理从制度上得到保障，健全的机构可以从组织方面保证考试管理功能的正常发挥，但如果没有一支精干的考试管理队伍，无论多么严明的法纪、多么健全的机构，都很难产生实效。课程考试属校内考试，与社会考试相比，其规模较小，只是高校工作中的一项，而且时间上是间断的，然而这一切并不意味着课程考试管理就不需要高素质的管理队伍，所以高校应重视课程考试管理队伍的建设。考试管理队伍包括：①科研队伍。考试实践证明，没有科学的考试理论做指导，就不会有成功的考试实践，尤其是现代的考试管理，更

需要科学的管理理论、方法、技术和手段。只有在考试管理实践的过程中，有重点、有针对性地开展考试及考试管理方面理论、技术、方法等的研究，才能使考试工作决策符合科学化的要求，从而发挥考试应有的功能，并促进高校发展。②行政队伍。考试行政队伍直接关系考试管理机构各项职能活动的顺利进行和考试管理目的的有效实现，对提高考试管理工作质量具有重要的意义。③业务队伍。考试业务队伍是根据考试流程的运转出现的，随着各自环节职能的实现，相应的业务队伍也就暂时失去存在的需要。它包括命题队伍、实测队伍、评卷队伍及评价、监督队伍。

兼职性、非常设性和专业性应该是高校课程考试管理队伍的基本特征，也应该是高校抓考试管理队伍建设过程中应遵循的基本原则。所谓兼职性和非常设性是指课程考试管理队伍的组成人员不可能是专职的(高校考试中心的人员例外，这一部分人员只占整个队伍的很小的比例)，他们平时可能工作在校机关、教学单位或高校的其他单位，只是在高校组织课程考试时才成为考试管理人员。所谓专业性是指这支队伍的成员应该具有专业化的水平，即他们中的绝大多数人虽然不是以考试管理为职业，但他们都应该了解和熟悉自己在考试管理中所从事的那一项工作，所必须了解和熟悉的理论、技术等专门知识技能，并具有做好这项工作的较强的能力。没有职责就无所谓管理，高校对这支特殊队伍的管理也应同其他队伍的管理一样，分工明确、职责明确、考核明确、奖惩明确。

（四）实施科学的教考分离

教考分离制度是一种现代教学管理手段。所谓"教考分离"是指将教学与考试分离进行，即将过去某一课程由任课教师自己命题、自己评分的做法改为从规范、标准的试题库中筛选、组合出符合要求的试卷，或由教学管理部门组织教学经验较为丰富的非任课教师依纲命题，并统一组织考试，统一评阅试卷。实行教考分离的目的是提高考试的质量和水平，为学生成绩的评定、教师的教学评价以及教学管理决策提供科学的依据，它有利于促使教师授课全面系统地贯彻教学大纲的各项要求，促进学生端正学习态度和良好学风的建设，这样既能促进教师的教，又能促进学生的学，充分体现了教师的主导作用和学生的主体作用相结合的教学原则，充分调动了师生的积极性。推行高校的教考分离需从以下四点入手。

1. 加强宣传，统一思想

教考分离势在必行，但大部分教师与教学管理人员对此认识还不足，心理上也还不太适应，甚至认为推行教考分离是对教师的不信任，表现出明显的抵触情绪，这在一定程度上增加了推行工作的难度。因此，推行教考分离的首要任务是加强对教考分离制度作用和意义的宣传，从高校上层、中层到教师，层层推进，调动各方面的积极因素，使认识统一到培养合格人才上来，以有利于逐步实施教考分离制度。

2. 科学合理地安排实行教考分离的课程

从教学总体效益上讲，并非每门课程实行教考分离都是有利的，如文科类的一些课程，本身要求学生涉猎广泛，如果把试题局限于课堂内的几本书，显然不利于培养学生的综合能力；又如理科的一些专业性很强、难度很大的后续课程，高校常常只有一两个教师熟悉课程内容，推行教考分离也不太切合实际。因此，高校应该在充分调查研究的基础上，科学合理地安排实施教考分离的课程。

3. 积极修订教学大纲，为课程实施教考分离建立前提条件

多年来，不少高校的课程大纲建设相对滞后，很多课程的大纲几十年不变，不能适应时代的变化，还有很多课程没有教学大纲，原因是在以前教考合一的制度下，课程缺少大纲的矛盾暴露得并不明显。教考分离制度将教与考分为两条线，没有课程大纲则无法组织有效的教学，更无法组织有效的考试。因此，高校应积极组织力量修订、制定课程大纲，为课程实施教考分离创造前提条件。

4. 建立高质量的题库，使教考分离更科学化

实行教考分离的重要途径是建立科学的题库，科学的题库可以提供各种规格、各种层次及科目的试题，采用试卷库的试卷可以克服由于教师命题随意性带来的信度差和效度差的弊病，试卷库的试卷是由水平较高的非授课教师参加阅卷，这在一定程度上预防和杜绝了授课教师在考试环节中参与作弊的现象。高校内部考试通过这方面的改进可提高校内考试的质量与权威性，但建设科学的题库、卷库并非一蹴而就，它既是一项阶段性的、多方人员合力攻坚的综合技术工程，又是一项长期的、由专业技术人员不断充实、革新、完善的系统工程。在高校中因学科、专业的多样性，试题要注意学科性、专业性以及适应学生能力、教学水平变化的需要。

（五）考试方式多样化

高校应鼓励教师根据本门课程的性质选择灵活多样的考试方式，突出课程的考核重点。在国外，高校考试的方式至少在二十几种以上，如无人监考考试、论文、开卷考试、阶段测试、试验和实地考察、答辩、专题讨论、口头演示、同学评价、图片演示、设计、制图或模型、个人研究项目、小组研究项目、自评、以计算机为基础的评价、资料分析、书评、图书馆运用评估项目、课堂表现、作文、实习和社会实践笔记或日记、口试以及闭卷考试等。国外考试的显著特点之一就是每一种形式都有与之相配套的设施和措施为后盾，以保证整个考试的有效性。对于国外高校校内考试的所有形式和方法，我们不必要照搬，但可以借鉴其指导思想。

根据我国的实际情况，高校基本的考试形式可采用以下七种：①闭卷考试。指考试中不允许携带和查看任何资料的一种用笔答卷的考试方式。②开卷考试。指考试中允许携带和查看资料的一种用笔答卷的考试方式。该方法根据允许携带和查看资料的限制情况，可分为全开卷考试和有限开卷考试或一页纸开卷考试。全开卷考试指考试中允许携带和查看任何资料；有限开卷考试或一页纸开卷考试是指考试中允许携带和查看规定资料或写有学生自己总结和归纳课程内容的一页纸。③口试。指应试者通过口头语言来回答问题的一种考核方法（含答辩考核），它是面试中常用的一种。④成果考试（如设计、论文、报告、成品等）。指应试者就某个具体问题或任务、项目通过查阅资料、计算、绘图和制作等环节，用规范的方式做出书面表达或形成实物作品的一种考核方法。⑤操作考试。指通过应试者现场操作或具体的工作实践，直接检测应试者所具备的从事某种工作的现有素质、技能与能力的一种方法，包括实务作业、样本操作和模拟操作等测试方式。⑥计算机及网上考试。指直接在计算机上答卷的一种考试方式。⑦观察考核。指通过对学生一定时期的观察，对其做出评价的一种考核方法。

每种考试方式各有其特点，单凭一种考试方式不可能全面反映学生综合运用知识的能力，应采用其中几种方式相互组合以取长补短，这样既可以考查学生掌握知识的程度，又可以检验学生运用所学知识解决实际问题的能力，使考核结果更全面。还可以通过奖励措施鼓励并引导学生从多方面、多角度，用多种方法来解决同一问题，以培养和发展学生的创造思维能力。选择最佳的考试方式是提高考试效度的重要途径，适当灵活的考核方式能够进一步提高学生的学习主动性和自觉性，从而进一步巩固和深化所学课程的知识，举一反三、触类旁通，这样既能帮助学生克服死记硬背的学习习惯，又能锻炼他们各方面的学习能力，从而达到育人的目的，同时也在一定程度上减少了学生作弊的动机。改革考试形式并不是简单、孤立的问题，它需要各方面的配套改革措施，需要有规范的教学政策和条件来支持，尤其要求改革传统的教学管理体制。考试形式与教学思想、教学内容、教学方法、课程安排和师资队伍建设等都密切相关，所以考试方式的改革不仅需要鼓励广大教师改革考试的内容，还需要各方面的配合与合作才可能取得成功。

（六）重视平时考试

加强对学生的平时考核，并不是频繁增加考试次数，而是任课教师在教学过程中，根据不同阶段的教学要求，灵活运用提问、讨论、作业、小论文、小测验等方式了解学生的学习状况，并通过测验获取教学信息，从而指导教学更好地开展。

（七）实行全程管理

考试管理分为考前管理、考中管理和考后管理，如某一环节工作不到位，就会失去考试的真实性、客观性和公正性，达不到考试的真正目的和效果。因此，要达到考试的目的与效果，就要对考前的计算机抽题组卷、试卷打印、分装保管、保密等做到可靠，对考场考号编排做到合理，对监考人员业务培训做到熟练；考试结束后，要实行统一阅卷制，要建立试卷分析制度，要进行考试后的评估。要使用现代化的手段科学编排考场，对考场编排应按考场的大小确定考生人数，实行单人单桌，考生之间间隔两个以上座位，学生凭准考证或学生证进入考场，对考生实行保密号就座的方法，即每场考试前由计算机对考生随机编号，考前15分钟由班主任宣读每个考生的保密号，考生按保密号进入相应的考场，并对号入座参加考试，考试时把保密号填写在试卷的指定位置上。考试成绩评定后，可将保密号及分数输入计算机，系统就会自动对号还原成学生成绩，这样首先是能杜绝替考现象；其次是能有效地减少学生协作作弊和偷看；最后是由于试卷上除保密号外不再出现学生的学号和姓名，防止了阅卷统分过程中教师给学生加人"人情分"的可能性。考试质量分析和信息反馈是现代考试流程的一个基本环节，是现代考试管理的一项常规工作，通过考试质量分析这个环节获取的大量信息经过整理、研究，并及时进行信息反馈，对于改进和完善考试工作，提高考试质量，促进考试走向科学化具有重要的作用。

（八）网络化考试——知识和信息时代高校考试的改革方向

21世纪是知识和信息的时代，高校课程考试方式和内容应与时俱进，顺应知识和信息快速发展的局势，充分运用信息时代网络信息平台提供的方便，使考试管理既严肃、科学，又灵活、多样和开放。我们要以激发学生的学习和探索知识的兴趣为前提，使学生处在相对轻松的课程学习过程中，为掌握更多的知识和提高分析解决问题的能力而学习，以提高教学质量。

1. 实施网络化考试，顺应知识和信息快速发展的局势，提高考试质量

针对目前高校考试的种种弊端，有许多学者进行了分析，并提出许多针对性的建议或措施。从考试方式上，提出打破传统的以"闭卷"考试为主的方式，应根据不同专业、不同课程的性质或特点，灵活运用闭卷、开卷、笔试、口试、答辩、论文、操作等多种考试形式和方法，并增加考试机会。从考试内容上，提出拓宽考题所涉及的内容，增加考核学生分析和综合运用能力的题型。在命题时，要严格考试命题，坚持教考分离，严控命题环节，加强试题库建设。在评价中，可以通过学生自评、学生互评、小组评价、教师评价等多种形式进行。通过这些丰富多样的考核形式，能促使学生开放性个性和创新意识的形成。

2. 网络考试的优势

网络考试是指通过局域网或者互联网，并利用计算机进行考试的行为，网络考试和在线考试以及网上考试的概念都是一致的。网络化考试将传统考试的各种工作流程通过计算机实现信息化和电子化的管理，使各种考试可以在网络平台下实现，它包括组卷系统、考

试系统、阅卷系统、成绩查询分析系统、试卷制作管理系统。该种考试形式在实现无纸化考试的同时，也强化规范了教学评估的手段，适应多媒体教学的层次和水平，同时也提供了科学准确的教学研究数据，具有传统考试形式不具有的优势。

3. 高校全面实施网络化考试的条件

目前，高校已有完善的网络系统，包括信息联网共享系统和大型计算机房，以及许多学生都有自己的个人电脑，高校实施网络考试的硬件已经具备。同时，高校还具有一批高水平的计算机专业知识的教师和相关技术人员；所有高校大学生在入学第一学期都有计算机基础应用的课程，这为进一步提高大学生的计算机理论和应用打下了基础；许多成熟的网络考试平台或软件已应用于不同行业的考试中；许多高校都有计算机和信息技术相关专业，等等，这些都是高校实施网络考试的软件。通过合理的调配和运用这些硬件和软件，高校已具有了全面实行网络化考试的条件。

4. 网络化考试有许多明显优于传统考试形式的优点

第一，网络考试要求具有高质量的科学性、全面性、难易程度和测试学生综合学习水平和能力等方面的题库。在我国高校，无论从规模、数量和质量还是师资水平各方面，已具备各专业和学科标准化和高质量的题库建设的要求。我们要通过由不同高校相同专业推选优秀的专业教师组成考题题库的命题机构，通过搜集、整理历年题库和命题，并在此基础上根据不同课程的发展现状，建立不同专业课程的高质量的试题库。由于命题机构是由同一学科优秀的专业教师组成，试题的科学性、全面性、难易程度和测试学生综合学习水平和能力等方面会得到最大限度地提升，并且会不断通过不同高校学生考试结果的检验和随着学科的发展而不断改进和更新。

第二，网络化考试有利于培养和考核学生分析解决问题的能力。由于试题的科学性、全面性、难易程度和测试学生综合学习水平和能力等方面的优化，能够考核学生的学习效果和分析解决问题的能力，这也同时要求和促使着教师不断地自我学习，改革和改进教学方法、教学内容和教学水平，促使学生不断改进学习方法和学习态度，以提高自身的综合学习能力。

第三，由于有了高质量的题库和网络考试，使同一门课程不同时间进行多次考试很容易实现，改变了传统课程考试频次太少和一次性闭卷考试对学生造成沉重心理压力的弊端，使学生处在一个相对宽松的探索知识和提高分析和解决问题能力的学习环境当中。

第四，实施网络化考试能够有效地预防舞弊。实施网络化考试可以使教师划定考试范围和送"人情分"以及学生的抄袭等行为得到减少，因此它也同时具有间接端正教风和学风的作用。

第五，实施网络化考试提高了考试成绩的区分度、效度和信度。由于统一的高质量的试题和科学的评价标准，以及试题的科学性、全面性、难易程度和测试学生综合学习水平和能力等方面的提升，使考试成绩的区分度、效度和信度具有科学性。

第六，实施网络化考试能够节约人力资源。实施网络化考试能够节约教师的命题和阅卷时间，可以使教师把更多的精力和时间用于教学和科研上，以不断提高教学水平和教学质量。

第七，实施网络化考试有利于学生更好地运用网络信息探索和学习科学知识，从而培养学生良好的上网习惯。实施网络化考试除了具备科学性、全面性、难易程度和测试学生综合学习水平与能力等方面的题库外，与之相适应的相关学科的网络学习和复习资料也能为学生的学习辅导提供方便。学生在进行长期网络课程资料的查询和学习中，会潜移默化地引导他们把网络作为探索学习的主要工具，而不只是一种消遣和玩游戏的平台，从而达到培养学生良好的上网习惯的作用。

第八，实施网络化考试具有巨大的经济和社会效益，对构建节约型的可持续发展的社会具有积极的作用。如能够节约大量的纸张和油墨等消耗性和污染性的资源，从而对减少土地和植被的消耗以及减少环境污染起到积极的作用。

第九，高校实施网络化考试对推动网络考试的全社会普及有着重要的示范作用。作为科学技术创新发展主要源泉的高校，对推动科学技术转换为生产力起着巨大的示范作用。高校实施网络化考试必将对推动网络考试的全社会普及有着重要的示范作用。

正是由于网络化考试明显优于传统考试形式的诸多优点，实施网络化考试成了高校考试改革的一个重点方向。

第五章
互联网时代高校教育管理模式创新

第一节　互联网时代高校教育管理层面创新

一、管理者提高自身的综合素质

随着我国高等教育的逐步普及以及与国际接轨，各高校面临着激烈的竞争，高校管理者也面临着新的任务和挑战。高校教育管理者除要承担教师应尽的责任之外，还因其管理者的身份，承担着更多特殊责任，这就要求必须全面提升自身的综合素质。

(一)促进高校教育发展和推动大学生成长成才

一所高校的成败很大程度上取决于这所高校领导者的水平，高校教育管理者的能力素质对高校的发展和大学生的成长成才有着至关重要的影响。然而，近年来在从事高校教育管理的这个群体中，有些管理者存在着责任感不强的现象，影响着高校的发展和大学生的健康成长成才。具体体现在：部分高校教育管理者对大学生的管理缺乏科学性，不注重调查研究工作，不注重大学生的成才规律和大学生的个性发展规律，在工作中缺乏社会责任感，缺乏持久性和稳定性，工作不得法，影响了大学生的健康成才。为了对所处的时代和所肩负的责任有一个具体深入的认知，高校教育管理者要注重自身管理能力的提高，不断地吸收新的信息，不断地实践和总结，培养良好的执行力和良好的沟通协调能力。管理能力的提高是一个学习和训练的过程，过去的知识和能力固然重要，但并不等于说我们就可以用过去的知识和能力应对现在和未来，要用发展的眼光培养自我的责任意识。高校教育管理者要注重高校教育管理方法的研究，增强自身科研素质，明确管理的目的，为管理素质的提高奠定基础。高校教育管理者如将科研作为管理过程的先导，管理就能深入下去，就能在教育管理中不断发现问题，不断完善管理方法，不断探索新问题的发生过程，使高校教育管理活动沿着科学化、规范化的轨道进行研究实践。因此，高校教育管理者素质的提升是培养创新人才的保障。高校教育管理者责任体现必须围绕着高校建设发展、大学生成长成才的需要。

（二）促进高校教育发展的责任

当前，高校教育管理者基本上都接受了系统的高等教育，掌握着先进的科学技术和管理方法，是高校发展中一支朝气蓬勃、出类拔萃的队伍，应该努力用自己的聪明才智为高校的发展尽一份力量，为大学生成长成才服务，这是历史赋予高校教育管理者不可推卸的责任。在科技进步突飞猛进、知识经济已见端倪的今天，民族科技正面临着一种咄咄逼人的挑战。高校教育管理者接受了正规而严格的治学熏陶，领略着各门学科的无限风光，探求着自然与社会的最新宝藏，因此有能力、更有责任和义务，促进我国教育的发展，在高校竞争的舞台上一显身手，推动高校的进步。高校教育管理者要对祖国的教育和人才的培养有着高度的关注和思考，对建设有中国特色的社会主义教育、办好人民满意的高校有着深刻的理解，积极投身于高校的建设，为不断推进高校的发展而努力。

（三）推动大学生成长成才的责任

对高校教育管理者而言，不仅要注重自我的发展，更重要的是要挑起高校教书育人的重担。高校教育管理者要勇于冲破旧势力的束缚，清除各种历史的和现实的陈腐观念，在办人民满意高校的道路上实现自身的发展和完善，并以此促进高校教育的发展和大学生的健康成才。责任感的重要性是不言而喻的，责任感的培养和增强既需要高校教育管理者本身的努力，也需要社会外界条件的帮助来共同完成。引导高校教育管理者通过实践来体现责任，积极拓宽高校教育管理者与社会沟通的渠道，提供各种各样的锻炼机会，使其能够真正接触社会，以成熟的观点认识社会现象，宣传倡导良好的社会风尚，坚决批判和抵制不良社会风气和社会现象，从而培养自身判别是非、应对复杂局面的能力，只有这样才能帮助大学生明辨是非，树立正确的世界观、人生观、价值观。

二、高校教育管理者的素质优化——全方位、多角度相结合

高校教育管理者在工作中除了集思广益、博采众长之外，还应具备管理、规划、发展、远景展望的能力。工作不能停留在表面上，必须有计划、有总结，这样才能保证执行的效果，执行过程中绝不能随遇而安，要打破因循守旧的观念，树立大胆创新的观念，自觉运用创新思维，完成高校的目标，这就必须培养自我管理能力与社会责任感。

（一）注重知识更新，加强责任引导

高校教育管理者要在意识到自己责任的同时，把它升华为一种自觉的内心信念，升华

为义务感，形成强烈的社会责任感。培养自我管理能力，要把高校教育管理者所具备的政治素质、业务能力、增加工作经验等作为能力管理的主要内容，根据高校教育管理者的具体情况和需求，有针对性地加强学习与培训，保证获得急需的工作技能和方法，促使高校教育管理者运用自己的理论优势帮助大学生成才，促进高校教育的发展。高校教育管理者作为教书育人的责任主体，具有公民的权利和意识，也必须具有高校的责任意识，从而引导高校教育管理者正确认识个人与社会的关系，认清承担社会责任是实现自我价值的必由之路和强化构建和谐学院的思想基础。个人与社会之间既有区别又有联系，是共生共存、辩证统一的。发挥好高校教育管理者的主观能动性和创造性，使他们善于运用科学理性的思维去分析问题、解决问题，充分发挥高校教育管理者自身的优势，鼓励自我，勇于创新。青年高校教育管理者接受新鲜事物快，上手能力强，勇于创新，可以通过以老带新、亲力亲为拓展渠道，根据"求新""求异"的特点，加强对其社会责任感的有效引导，帮助青年高校教育管理者用理性的思维处理各种纷繁复杂的事物与矛盾，在实践中提高青年高校教育管理者的责任感和事业心。只有这样，高校才能培养出服务社会的人才，自身价值也才会得到充分体现。

（二）注重能力管理，拓展创新载体

高校教育管理者要培养健康的心理素质，锻炼坚强的品质并增强抗挫折能力。高校教育管理者在教育管理工作中常常会遇到不顺心的事情，会感到委屈、郁闷，这种心情会在很大程度上影响工作的效率和准确度，甚至使面临的情况愈加困窘，所以要注重培养自己的心理素质。高校教育管理者要有坚定的职业精神，只有对自己的本职工作付出热情和心血，才能真正把事情做好。在繁重而枯燥的工作中，高校教育管理者只有选择耐心与认真，才能不折不扣地完成教书育人的任务。如果每一个高校教育管理者都能经常对自己的表现进行反思，不断克服自己的惰性和私心，那么高校的教育管理水平就能日益提高。高校教育管理者面对大学生工作中"繁、急、难、重"的工作，要创新载体，注重能力管理，要不断去探索新方法，找出新程序，不断提高管理质量，打破因循守旧的观念，树立大胆创新的观念，注重教育的实效性，从而实现个人价值与社会价值的统一。高校教育管理者最终的目的是为高校发展服务，为社会培养优秀合格的人才。高校教育管理者只有具备了社会责任感，才能培养出社会需要的人才。

三、切实落实高校教育管理工作

在高校教育管理工作中，辅导员扮演着重要角色，不仅要管理大学生，还要教育大学生，对大学生的学习和日常生活进行正确引导，帮助大学生树立正确的世界观、人生观和价值观。对高校教育管理工作中辅导员的角色分析，能促进辅导员更好地对大学生开展教育和管理工作。

高校的建设与发展也在国家改革开放以及经济社会深入发展的背景下逐步进入了新阶段。新时期高校辅导员需要承担的责任很多，如落实大学生德育教育、落实高校规章制度、组织大学生参加各种教学活动、为大学生提供专业辅导和择业辅导、疏导大学生心理、帮助大学生解决困难、在大学生中发展党员等，可以说高校辅导员责任重大。高校辅导员的工作任务特点是艰巨、复杂并且十分琐碎，这就要求高校辅导员具备较强的心理素质、道德素质以及专业素质。在高校管理工作中对辅导员角色进行准确定位，不断寻找提高辅导员管理工作效率的方法，可以促进高校辅导员管理工作的积极开展，实现对高校大学生的合理有效管理。

（一）辅导员在高校中的地位及作用

高校辅导员在教育大学生、管理大学生、服务大学生方面肩负着重要责任，同时是高校对大学生开展德育教育工作的骨干力量，负责组织大学生接受德育教育，切实落实高校德育教育工作，指导管理大学生的日常生活。

1. 管理协调

高校辅导员要对大学生进行无微不至的关怀，做到事无巨细，让大学生感到温暖。比如，指导大学生如何管理日常事务、如何管理班级规章制度、如何组织班级活动、如何动员和促进学风建设等，高校辅导员在班级管理工作中要付出足够多的汗水和心血。高校辅导员被高校师生们公认为"大学生工作管理员"，其在工作过程中要协调校内各部门与大学生之间的关系，做到对校内各个环节进行有效衔接，充分发挥高校的管理育人力量。

2. 纽带桥梁

通过辅导员可以架起高校与大学生之间沟通的桥梁，辅导员要负责收集掌握和处理大学生的意见和要求，贯彻落实高校政策法规、规章制度，组织大学生开展各种校园活动。由此可见，高校辅导员加强了高校与大学生之间的思想沟通，能够为高校的育人工作创设和谐稳定氛围，促进高校管理工作高效稳定运行。

3. 教育疏导

高校辅导员采取近吸式教育模式对大学生进行教育，教育工作涵盖大学生的各个方面，不只停留在思想教育层面，进行的重点工作是帮助大学生进行职业生涯规划，促使大学生树立远大理想，形成正确的世界观、人生观和价值观，使大学生在学习、生活和工作方面端正态度，为高校培养高素质人才提供保障。

4. 成才导师

辅导员会影响到大学生的方方面面，如思想观念、价值取向、处事态度、行为方式以及学习成绩等，优秀的辅导员可以对大学生产生积极影响。辅导员是大学生进入高校以后面对的第一位导师，其负责大学生四年的学习和日常生活，并且对大学生的学习和生活予以引导，直至四年后高校毕业。高校阶段大学生身体发育以及思想成长逐渐成熟，辅导员对大学生能够产生潜移默化的深远影响。

（二）高校辅导员工作策略

1. 加强学习，做个"教育通"

辅导员的一项非常重要的工作是针对大学生开展德育教育，为大学生与高校之间架起沟通的桥梁，因此高校辅导员要努力成为"教育通"，积极引导大学生参加各种思想教育活动，提高大学生的德育觉悟。

第一，高校要积极开设德育教育课程，或者是进行专题讲座，组织大学生在课程或者讲座中积极进行讨论，充分发表自己的见解。之后，辅导员再予以补充，让大学生在学习过程中树立正确的世界观、人生观以及价值观。

第二，辅导员要引用一些经典话语对大学生进行德育教育，做到用事实讲话。

第三，辅导员要提高自己的德育境界，教育大学生的同时要以身作则，正确对大学生进行德育教育。辅导员要不断提高自身的德育素质，努力树立在大学生心目中的良好形象，为大学生树立榜样。

第四，为了能够及时了解大学生思想动态，辅导员要及时与大学生进行交流，针对大学生的实际情况采取不同的教学方法。

第五，考虑到大学生通过网络渠道获取信息的特点，辅导员要充分运用网络技术对大学生进行德育教育。

2. 身体力行，做个"好榜样"

第一，与其他课程教师相比，辅导员与大学生进行交流的时间更长，所以辅导员很容易在大学生心目中树立良好的榜样。大学生的素质直接受到辅导员素养水平的影响，因此辅导员要不断提高自身的综合素质，时刻注意自己的言行举止，做到以身作则，为大学生树立良好的榜样。

第二，大学生中有很多可以作为榜样，教师要积极发现并且要善于利用，使大学生能够感受到身边同学的榜样力量，激发大学生的学习积极性。辅导员可以选取一些有代表性的大学生作为榜样，发挥其带头作用。

第三，辅导员要积极组织大学生开展学习榜样活动。比如，学习雷锋榜样活动、鼓励大学生到社区做义工、到养老院慰问老人等，充分发挥大学生的助人为乐精神。

3. 全面发展，做个"多面手"

第一，辅导员是大学生思想上的引路人。以提高大学生的思想觉悟作为出发点，辅导员要不断加强自身的德育素质，并且积极组织大学生开展党团思想教育活动，为大学生树立起学习榜样。

第二，辅导员是大学生学习上的引导者。辅导员在大学生工作方面不仅要发挥管理者职能，也要发挥教育者职能。以教授大学生有效学习方法为出发点，辅导员要积极学习并且掌握相关专业知识，并且通过课程教学和活动教学等方式向大学生传授学习方法。

第三，辅导员要做大学生的知心朋友，要关爱大学生。高校阶段的大学生还处于成长阶段，辅导员要给予大学生更多的关心和爱护。辅导员要及时了解大学生的学习和生活状况，及时帮助大学生解决学习和生活过程中遇到的问题，让大学生感受到自己带来的温暖，赢得大学生的尊重和信任。

第四，辅导员要充当大学生的心理疏导者。高校阶段的大学生，还没有摆脱青春期带来的烦恼，面对就业压力和升学负担，大学生心理上很容易出现问题。辅导员要积极学习并且掌握相关心理学知识，及时疏导大学生心理，帮助大学生形成良好的心理状态，促进大学生健康成长。

第五，辅导员要对大学生的就业进行指导。大学生临近毕业时往往就业方向不明确，辅导员要引导大学生设计职业生涯规划，让大学生对自己准确定位，在明确自己就业目标的前提下，制订符合自身实际的职业生涯发展规划，促进自身职业目标的实现。要积极组织大学生开展职业生涯评比活动，使大学生能够根据自身发展实际制定职业生涯规划。辅导员还要积极引导大学生进行社会实践，让大学生在社会实践中学习知识，积累经验，帮助大学生实现顺利就业。

总之，在法制化社会环境下，辅导员所扮演的角色越来越多，面对思想活动日趋活跃的现代大学生，辅导员要不断学习相关专业知识，不断提高自身修养，提高自身综合素质。辅导员在管理大学生过程中要及时了解大学生各方面状况，对其予以正确引导，让大学生少走弯路，进一步提高大学生学习效率和综合竞争力，促进大学生全面发展。

四、掌握高校教育管理的关键点

教育管理工作是高校整体工作的重要方面。在具体的实践中，高校的教育管理工作者应注意把握其中的几个关键环节，主要包括：入学教育、大学生干部选拔、评优评模组织纳新、军政教练员选拔、开学和放假、大学生基本信息管理、就业信息提供等。全面把握高校教育管理的关键环节，才有可能使大学生的管理工作走上更加规范而又科学的轨道。

（一）入学教育环节

在入学教育方面，要重点搞好军政训练，从队列、内务、学籍管理规定、日常行为规范、考试制度等方面进行教育和强化训练。同时，对大学生还要加强不同专业的专业思想教育，使大学生真正明白，科教才能兴国，中华民族要想在世界上永远立于不败之地，首先要振兴教育事业。此外，还要使大学生了解省市乃至全国各行各业尤其是本专业的发展现状和前景，使大学生尽快树立一种"今天学知识，明天建祖国，现在准备好，将来去奉献"的职业道德观念，使"奉献自己、服务他人、努力打拼、不断创新"的信念成为他们的终生追求。高校军政训练一般安排两周时间为宜，每个教学班配备两名军政教练员，在早晨、上午、下午分别安排军政训练内容，晚自习时间安排教唱革命歌曲、学习规章制度、个人才艺展示活动，最后经系部初赛，评出军政训练先进班集体，在新生军政训练和入学教育总结大会上，进行汇报表演。在入学教育的过程中，各系部的大学生主管领导和辅导员应切实负起责任，加强指导和督察，确保新生入学教育的环节搞得扎实并富有成效。

（二）大学生干部选拔环节

大学生干部的表率作用和榜样作用是无穷的。在选拔大学生干部上，必须要坚持原则，把那些品学兼优，具备一定组织能力，威信较高的大学生选拔上来，这是至关重要的。在选拔和配备大学生干部时，辅导员应当在新生入学前首先审查相关教学班新生的档案信息资料，全面掌握大学生的德育情况和家庭基本情况，学业上优秀的新生作为大学生干部的备用人选。新生报到后，辅导员可以提名一些优秀的大学生担任班委会、团支部临时干部，经过两个月的实践考察，履行民主推荐的程序，分别确定正式班委会和团支部的大学生干部人选。

（三）评优、纳新环节

在教育管理方面，评选"优秀团员""三好大学生""优秀大学生干部""优秀毕业生"以及奖学金的评定、党组织纳新是建立良好的班风、学风和校风的重要激励机制。"优秀团员""三好大学生""优秀大学生干部"以及奖学金，每学年评定一次，"优秀毕业生"每届大学生评定一次，党组织纳新一般每学年进行两次。每次评优、评奖和党组织的纳新工作，高校教育管理部门都会印发相关文件和要求，关键是各系部和辅导员要按照文件精神认真抓好落实，认真履行职责，真正把学业上优秀的大学生评选上来，使拥护党的领导、积极要求上进的大学生早日加入党的大家庭中来，把评优和组织纳新的激励作用发挥到最大。

（四）关心爱护和严格要求环节

无论是辅导员，还是专职的教育管理者，如果只注重关心爱护，容易使大学生变得自由散漫，如果只注重严格要求，大学生容易产生逆反心理，就会对教师敬而远之。关心爱护和严格要求，二者是相辅相成、缺一不可的。所以，当大学生遇到生活、学习上的困难时，辅导员和专职管理者及时给予关心爱护和帮助是非常必要的。同时，当大学生自由散漫、不尊敬师长、不能遵守校纪时，教育管理工作者应当注意及时对大学生进行批评教育。在对大学生进行管理时，关心爱护和严格要求二者不可偏废，二者缺一，管理就不能成功。有的学者提倡赏识教育，人们认为，赏识教育就是进行正面教育，单纯的赏识教育是不全面的教育。在操作上教育管理者应当和大学生多交朋友，应当多注意观察，进行阶段性的平等交流和对话，用自己的真情来打动和感召大学生。

（五）大学生基本信息管理环节

高校中的大学生来自五湖四海，来自不同的民族、省份，每个大学生的生活习惯、性格、兴趣爱好等都不同。不同的民族更有着不同的民族风俗，家庭经济条件各有差异，这就需要基层管理者，尤其是辅导员掌握每个大学生的基本信息，建立每个大学生的信息档案，包括姓名、性别、籍贯、民族、家庭成员基本概况、联系方式、谈话记录等。经常与大学生交流，使来自不同民族、不同地域、不同家庭背景的大学生和谐相处，以形成良好的班风。

（六）及时准确地提供就业信息

当前，高校大学生的就业形势非常严峻，应教育和引导大学生全面客观地看待社会，了解就业形势和国家的就业政策，坦然地面对社会现实，根据自身和家庭的实际情况，正确选择自主创业、协议就业、灵活就业等不同形式的就业。在大学生接近毕业时，辅导员最重要的任务就是给毕业生提供及时、准确的社会各个层面不同行业的用人需求信息，教育大学生提高就业技能。要让大学生知道，只有政治上可靠、业务上精良、技能上过硬，并且有良好的心理素质的人，善于与他人合作的人，善于创新的人，善于吃苦耐劳的人，讲诚信的人，才能在当今社会激烈的竞争中站稳脚跟。

（七）反馈效果与实践引导

高校教育管理工作效果反馈机制的建立是高校进行教育管理的关键环节，是全面分析大学生心理状态、大学生学习动机、思想的重要理论依据。通过对教育管理工作反馈效果的分析，把握大学生内心的变化状态，建立相适应的反馈机制，充分了解高校大学生的个性化需求，尽可能地为大学生的健康成长创造便利条件。针对在思想与行为上需要纠正的大学生，要做好教育疏导工作，引导大学生深思努力学习的重要作用，树立爱国主义，形成与社会主流文化发展相契合的世界观、人生观、价值观。实践工作中要高度重视高校教育管理工作与校园总体发展方向的融合，针对不同大学生的生活状况与自身基础水平，创建出更加适合高校工作与大学生个性化并存的教育管理机制，避免在相关制度实施的过程中出现生硬的现象，达到高校管理更加民主、透明、和谐，更加适应大多数大学生的心理，弥补个体存在的差异。高校教育管理的过程中还应高度重视大学生学习品格的培养，引导大学生具备全局观，以社会需要为学习基础，开展一系列的教育宣传活动，把高校大学生培养为社会主义市场经济所需要的优秀人才。

五、掌握高校大学生个体管理的艺术

（一）制度的规范和激励功能在高校教育管理工作中的显现

规范性制度和激励性制度在高校教育管理中都有其存在的合理性和价值。分析制度这两种主要功能的价值取向和限度，并不是要否定规范性制度在高校大学生管理中的作用，而是为了使两种制度功能，在各自的层面上发挥其有效性。大学生已具有很强的独立人格和尊严，有非常明确的是非观和价值判断，他们不完全受他人设计、操纵和灌输，而是基于自身理性进行价值认知和选择。规范性制度应是对大学生的权利和义务进行准确的定位，保障大学生完整的公民权和受教育的权利，明确大学生作为公民和大学生应有的行为规则和责任。所以，规范性制度的内容是对大学生行为的基本的限定，对符合大学生基本行为规范提出要求和对不符合的行为给予强制性处理。

这类制度往往与大学生的义务性和责任性的内容联系在一起，只有这些义务性的内容和责任性的内容，才可以用规范性的制度加以保障和规范。某种程度上也可以认为，规范性制度具有"普识"性权利和义务的要求。不能让规范性制度的触角伸得太长，那样就陷入了教育管理制度设置的固有思维方式，把管理制度定位于"管住"大学生，重点放在约束大学生的行为上，以不让大学生出事为目的。所以我们说，规范性制度的价值取向是向内的，通过基本的行为规范和强制性的要求，形成良好的习惯，达到品德和素质符合社会公民的要求，或达到良好公民素质，引领社会文明。

更多的高校教育管理制度应以积极引导的价值取向，激发和激励每个大学生的个体价值，充分肯定和体现大学生的个体价值，增强大学生积极向上的欲望和动力。激励性制度可以有效地启迪、敞开大学生的价值世界，提高他们的价值判断能力、选择的意识与能力，敞开他们通向可能生活的价值路径，让他们面对开放的、无限沟通的社会生活空间，从容、自主地建构个人的价值世界，成为生活的主体。人才有基本要求，但没有一致的标准，基本要求可以通过规范性制度加以养成，而对人才自身的发展，要通过多样的激励措施和多层面的肯定加以激发。制度或规则应该只是创设一种"教育的情景"，提供大学生实践个体价值的活动场所或空间，以贴近生活实际的内容，提高大学生价值认识、探究和体验的能力。

（二）以激励性制度引领高校教育管理工作的价值创新

在高校教育管理工作中加强对激励性制度的重视，从激励性功能出发，进行适当的目标定位：一是实现对大学生的不同认识，引导其不同个性的激发与彰显，推动其明确自身的价值取向；二是改变管理者的工作方式，逐步弱化强制性特征，突出以服务为主的角色意识，给大学生创造一个既渗透制度规范，又充满生机与活力的实践提高平台；三是达成人才培养方式的转变，避免制度规范性的固化趋同，帮助大学生在个性可以得到张扬的情境中通过自我学习、自我管理和自我服务，实现自我价值。

（三）制度设计

高校教育管理工作创新应高度重视制度创新，并努力使之健全、规范与科学。完整、成熟、合理、先进的教育管理制度，反映着一所高校德育工作的理念与机制，反映着高校人才培养的目的与要求，反映着高校教育管理工作的思路、模式与方法，也综合反映着高校教育管理工作的境界与水平。理性把握教育管理工作中制度功能的特点以及制度设计的原则要求，在突出制度执行的严肃性、规范性和教育性的同时，更注重加强制度设计，注重制度的激励功能的发挥，则是实现高校大学生管理工作价值创新的重要途径。

制度设计要建立健全评价机制，优化绩效考核激励机制。一般意义上，大学生的行为要求与个人自身的发展目标是相一致的，限制向内，开放向外。通过制度激励性功能的发挥，将对大学生的教育价值的引导渗透于大学生个体成长的过程之中，注重对大学生道德德行的养成教育，无疑应该是高校教育管理工作的基本出发点和重要归宿。教育要通过生活才能发出力量而成为真正的教育，同样德行养成教育也要而且必须通过生活发出力量才能成为真正的德行教育，日常生活是个体德行的养成之所。

制度设计就是要把个人的道德理性与生活结合起来，通过发挥制度的静态与动态有机结合的激励性功能，强调细化管理、量化管理，在生活中验证、丰富、实践个人的价值理念，并且逐步形成稳定的道德行为习惯，形成个人在日常生活中稳定的道德思考、判断、选择以及行动的基本方式，从而实现大学生在综合素质提高方面保持一定的张力和维度。

（四）价值实现

当代高校教育管理制度应以开放、踏实、平等、尊重的内容、方式、方法面对这个复杂多元的世界，而有效发挥制度的激励性功能对于实现高校教育管理工作创新则有着显著的积极意义。

首先，激励性制度与大学生个人的生活紧贴，可以加强大学生对个人生活世界的体悟。人是社会关系的总和，人总是与周围世界发生着意义关联，通过追寻自身与他人、社会与自我的牵连而获得意义。关注这个"我"生活于其中的世界，并作为一个真实的生命体在这个"生活的世界"中去积极地交往、感觉、发现、理解，增进个人对自我生活世界的自觉意识，逐步形成个人与生活的世界之间和谐、稳定、深刻的联系。

其次，激励性制度引导大学生在价值冲突中审慎决断。生活中，我们常处于两难甚至多难的价值冲突困境之中。道德主体只有在同环境的相互作用中借着自己的选择才能实现自己的发展。社会提供了无限可供选择的道德情境，个体的道德习惯便是借助自己一定的思维和感情对这些具体的道德情境自由选择的结果。在对多元价值的冲突和选择中促进个体道德理性的发展和个体道德主体性的全面提升。

再次，激励性制度可以反复强化与训练，形成行为习惯。我们反对简单灌输和对行为的控制、强制，强调在过程中发挥价值引导的作用，积极鼓励和肯定大学生对自身、对他人、对社会有益的行为，并在制度中加以认可，不断地对大学生的有益行为加以增强和延伸，实现对个体差异的尊重，促进良好行为习惯的养成。

最后，激励性制度注重大学生行为的自我反思与评价。激励性制度中肯定式的价值评价，必然会激发和引起大学生自我行为的认识和思考，并通过对道德行为的不断反思和循环问答，澄明价值并促进道德理性的发展。

第二节　互联网时代高校教育环境层面创新

一、营造健康积极的高校教育管理大环境

随着网络技术的发展，尤其是依托数字技术、互联网络技术、移动通信技术等新技术，以手机网络、微博客、即时通软件等为代表的新媒体技术，对高校网络文化的建设和管理产生了较大的影响。同时，互联网的互动、手机与互联网的互动，以及互联网络、手机网络、电视网络三网融合等形成的新媒体环境也在对如何构建一个健康、文明的高校网络环境提出了新的挑战。因此，如何加强高校网络文化建设和管理，营造积极、健康的校园文化环境，运用网络新技术在新媒体环境下推动高校新闻网的创新发展，用正确、积极、健康的思想文化占领网络阵地，发挥高校新闻网的优势是亟待解决的问题。

网络文化建设已经成为社会关注的热点，也成为德育教育工作者参与的一个重要的领域，随着网络信息技术的进步，网民的数量在剧增，网络文化业态呈现了多元化的趋势，它对我们的工作、学习、生活产生的影响也越来越大。高校网络管理中心是全校网络运行的最主要支撑平台和防范不法分子利用网络破坏高校稳定的堡垒，是展示高校整体风貌的"窗口"，是高校重要的舆论宣传阵地。人们认为，大力加强高校校园网络文化建设的探索与实践，坚持以下五个方面的创新，是实现高校网络文化建设朝着健康、文明、和谐发展的有效途径。

（一）加强高校网络德育工作队伍建设

在信息爆炸的电子时代，网络德育教育日益显得重要而迫切。当务之急，高校需要建立一支高素质的网络德育工作队伍，这支队伍不仅要具有较高的德育教育理论水平和丰富的德育教育经验，还要掌握计算机网络的基本知识和技能，熟练地利用网络平台开展德育工作。网络德育教育工作的展开，要以了解和熟悉网络语言、网络文学、网络游戏等网络文化的各种形态为前提，把握大学生的思想动态，关注和参与到他们的网络生活中，及时进行心理辅导和思想引导，使德育工作渗透到大学生的虚拟生活之中，使网络时代的德育工作取得更好的效果，这就要求加强高校网络思想教育工作能力建设。加强校园网络文化队伍建设，还需要合理配套各类专兼职人员，既要有网络专业技术人员，又要有网络管理人员，还要有网络文化研究人员。按照"提高素质、优化结构、相对稳定"的要求，建立统一指导、各方配合、责任明确、优势互补的网络工作队伍。凭借这支队伍，努力实践并着力打造"绿色网络校园"。通过各种途径密切关注网上动态，随时与大学生进行平等的沟通与交流，及时回答和解决大学生提出的有关学习、生活、就业等方面的问题，增强大学生网民的信息解读能力，引导大学生运用辩证的观点和科学的方法，去分析问题，明辨是非，增强对网络文化的辨别力和抵制不良信息的能力，促使他们健康上网。

（二）提高大学生的文化素养、自我调节与管理能力

培养和提高大学生网民对有害信息的自觉抵制意识和能力，对于建设文明、健康的网络思想阵地具有基础性的意义。首先，要使青年大学生学会做自己的心理医生。青年大学生的情感丰富而又容易冲动，因此要学会保持健康的情绪，适时宣泄不良情绪，找到合理表达自己诉求的方法，防止过度迷恋网络游戏。其次，要使他们学会计划自己的生活，建立合理的生活秩序。现在的许多大学生尤其是高校新生，生活自理能力相对较差，有的甚至难以适应高校的集体生活；有些大学生不能进行正常的人际交往，建立良好的人际关系，而人际关系不良也会导致网络游戏依赖和成瘾现象的产生。最后，培养大学生的道德自律意识。大学生阶段是一个人世界观和人生观的形成与定型阶段，因此教育他们增强网络伦理道德观念，在网络社会里遵守起码的行为准则，自觉加强修养，树立正确的世界观和人生观，显得非常重要。在这方面，可以开展关于网络游戏道德方面的座谈会，让大学生参与进来自由讨论，使他们充分认识到网络道德失范的社会危害性，提高大学生网络自我教育能力。

（三）营造积极健康的校园文化环境

高校应该有意识地组织力量开展网络信息安全方面的科学研究，利用技术的力量对侵

入网络的有害信息进行处理，努力净化网络环境，将有害信息拒之校园网外。高校应该加强校园文化建设，丰富学子们的业余文化生活。首先，要以大学生为本，积极开展充满时尚和青春活力的文娱活动，想方设法吸引大学生们的兴趣和注意力。其次，及时对沉迷网络游戏的大学生给予关心和帮助，为他们营造一个积极、健康的学习和生活氛围。最后，高校适度介入网络游戏，最大限度地控制不健康信息的进入，为大学生创造一个积极向上的、健康有序的网络文化环境。

（四）加强网络监管力度，有效管理网络文化

当代大学生，受世界经济浪潮的影响较深，对新鲜事物的探索和尝试较为积极。但是，由于涉世未深，自我控制能力差，一不小心就会做出违反国家法律和社会道德的事情。高校可以发挥德育教育的优势，引导大学生明是非，辨美丑，不制作、不传播、不散布有害信息，树立良好的网络道德品质，自觉抵制不良文化的侵蚀。

校园网络文化技术上的监管可以从三个点切入。

一是校内网站监管。网站留言板和网络论坛均以互动方式进行交流，任何人都可以方便地发布信息，属于校园网络文化监控的重点。现在的留言板和网络论坛在技术上可以做到实时记录发布者的用户名、发布时间、上网计算机网络互连协议地址，以及上网计算机安装的操作系统和浏览器版本等资料。这样，既可以保证大学生发布的信息有据可查，又可以对大学生产生自我约束效果。

二是校内上网场所监管。通常，高校校内可以上网的场所有公共计算机房、大学生机房、网络实验室、电子阅览室、大学生宿舍等地点。公共上网场所的上网计算机可以使用机房管理系统软件进行管理，大学生凭大学生证实名登记上网，有条件的高校也可以使用校园智能卡刷卡上网。机房管理系统软件具备了记录上网时间、上网计算机网络互连协议地址的功能。大学生宿舍上网管理，简单的可以采取分配固定网络互连协议地址、用绑网卡媒体存取控制地址等手段，也可以安装一套宽带认证计费系统软件。上网者通过账号和密码登录上网并接受软件的管理。这样，通过技术上的管理措施，结合网站对信息发布者相关资料的记录，可以按图索骥，较方便地寻找到发布信息的人。

三是校内网络信息监管。要想有效阻挡校外网络不良文化传入校园网内，可以采取在校园网网关处对网络信息进行过滤的方法。

二、与校园文化建设有机结合

高校校园文化是以高校的校园为空间，主体是高校的大学生、教职员工，主要内容是课余活动，基本形态是多学科、多领域的文化，广泛的交流和特有的生活节奏，它是具备了社会时代发展特点的群体文化。它是社会主义精神文明在高校的具体表现，是一所高校

所特有的精神风貌，也是大学生政治文明素养、道德品格情操的综合反映。简而言之，高校校园文化是以教师为主导，大学生为主体的，在特定的校园环境中积淀形成的与社会时代发展密切关联且具备校园自身特色的人文氛围、校园精神和生存环境。

（一）校园文化与教育管理的基本内涵

1. 校园文化的内涵

校园文化是指由全体师生员工在长期的教学实践过程中培育形成的共同遵守的道德标准、价值观念及行为规范。它以大学生为主体，以校园为主要空间，以育人为导向，以精神文化、环境文化、行为文化、制度文化建设为主要内容。环境文化是校园文化的基础，主要包括"硬环境"和"软环境"；精神文化是校园文化的灵魂，包括校风、学风、教风、作风等；行为文化具体体现在师生员工的言行举止中，主要包括各类人际关系、道德行为规范等；制度文化是校园文化建设和高校正常运转的保障，具体包括各类规章制度，如校规、班规、宿舍管理规定、社团规章制度等。此外，校园文化具有五个方面的功能，包括导向功能、教育功能、凝聚功能、约束功能、陶冶功能。此五项功能作用于大学生学习和生活的全过程，正确地引导大学生健康发展。

2. 教育管理的内涵

教育管理是指高校教育管理工作者通过各种手段，对大学生在校期间的学习、生活和行为进行管理和规范，旨在维护高校正常的教育教学秩序和大学生的生活秩序，保障大学生身心健康，促进大学生德、智、体、美全面发展。根据相关教育规定，高校教育管理包括大学生的权利与义务、学籍管理、校园秩序与课外活动、奖励与处分、大学生申诉等诸多方面。其中，学籍管理包括入学与注册、考核与成绩记载、转专业与转学、休学与复学、退学与毕业、结业和肄业；校园秩序包括大学生行为规范、寝室管理、环境卫生维护及其他规章制度；课外活动包括各类社团活动、勤工助学及社会实践等；奖励主要指对在思想品德、学业成绩、科技创造、体育文娱及社会服务等方面表现突出的大学生，给予的物质或精神上的奖励或表彰；处分是针对违反学习和生活纪律的大学生实施的惩罚，包括警告、严重警告、记过、留校察看、开除学籍。此外，随着高校教育管理工作的不断创新，高校也越来越注重对大学生的服务，绿色通道、就业服务、心理辅导等工作也成为高校大学生管理工作的重要内容。

3. 校园文化对教育管理的重要意义

校园文化与教育管理具有密切的关联性。第一，二者目标一致。校园文化与教育管理都以育人为目的，以为社会培养高素质的综合型人才为目标。第二，二者主体一致。校园文化以大学生为主体，大学生是校园文化建设的参与者与受益者。教育管理同样以大学生为主体，大学生是大学生管理工作的中心。鉴于校园文化与教育管理在提高大学生综合素质、培养复合型人才上的一致性，加强校园文化建设必定可以推动教育管理工作的完善和创新。大学生思想和行为内容不断延展，新时期的教育管理离不开"大学生本位"的教育思想。充分发挥大学生的主观能动性，对于高校和大学生的发展以及校园文化的建设大有裨益。因此，"一切为了大学生，为了大学生的一切""尊重人格，保护天性"等先进的教育理念必须被广大教育管理工作者所接受和运用。"以人为本"的育人环境和氛围离不开校园文化的建设。校园文化作为一种群体性文化，通过长期的沉淀与升华，形成了人们共同遵循的价值标准、行为规范和崇高追求。而校园文化所具备的导向、陶冶等功能，潜移默化地影响着大学生的思想和行为。大学生在特定的人文环境的熏陶下成长，形成健康的人生信念和价值追求。

（二）构筑良好的校园环境文化，为高校教育管理提供物质保障

教育管理是以服务大学生为根本目的的，为大学生构筑良好的、有序的校园环境是管理大学生的前提。高校校园环境文化首先是包括校园物质文化环境，它是指高校为师生员工学习、工作、生活、娱乐等活动提供的物质条件。高校的物质文化环境是高校校园文化的"硬件"，也是高校教育管理工作的基础环境或基础条件，如果没有良好的校园物质文化环境，高校校园文化无法健康地发展，高校教育管理工作也会缺乏相应的物质保障。比如，高校的环境幽雅，景色迷人，我们就可以用其自然美的景观来陶冶大学生的性情，塑造大学生美的心灵。校园的合理布局、花草树木、名人塑像、橱窗、宣传栏等，可让大学生耳濡目染并感受浓郁的校园文化氛围。所有这些景观背后，都示意了包括建筑文化、历史文化、艺术文化、现代科技文化等"亚文化"的独特的内涵所在。而这种"亚文化"和校园总体建筑本身所构成的校园景观，使校园能时时处处洋溢着浓厚的文化气息。大学生通过干净、整洁、优美的环境的陶冶和塑造，既约束了自己的行为，又提高了自身的人文素养，达到促进高校教育管理工作开展的目的。其次是包括知识学术环境，主要指学术科研、教学管理、学风建设等方面的情况和条件。它是衡量一个高校校园文化建设的好坏、管理水平高低的重要因素，它甚至直接影响育人的质量。最后是包括人际关系环境，主要是指校园内部的人际关系，如大学生之间、师生之间、领导之间、教师之间等多方面的关系，和谐、融洽的人际关系环境能使大家保持良好的心理状态，利于教，利于管理，利于大学生的健康成长。

（三）营造健康积极的精神文化氛围，为高校教育管理提供精神动力

高校校园精神文化环境建设首先应在所有的教学和校园文化活动中坚持正确的政治方

向，用马列主义重要思想和科学发展观武装大学生头脑，弘扬民族优秀文化传统，加强对大学生进行科学的世界观、人生观、价值观和道德观教育，引导浓厚的舆论氛围，弘扬正气、树立新风、强化理想信念、崇尚奉献精神。这对大学生的世界观、人生观、价值观有着树立、锻炼、修正和提高的作用，可以增强大学生的民族自信心、自尊心和使命感，激发大学生的爱国主义精神，培养大学生健全的人格和高尚的道德情操，增强大学生抵制错误思潮的能力。要根据高校总体培养目标和大学生实际，开展丰富多彩的第二课堂活动，用健康高雅的文化和艺术，引导大学生合理支配闲暇时间，并且注意将教育管理工作融汇到生动活泼的各种活动之中，寓教于乐，使大学生在活动中展现自己、锻炼自己、发挥自己、实现自我的价值，这对培养大学生健全的人格、创新的能力，有着不可替代的作用。由此可见，良好的"精神文化"氛围，是实现高校大学生工作科学管理的前提。

（四）创建科学的制度文化，促进高校教育管理和谐有序

高校校园文化，是社会整体文化的一部分，必须加以科学引导和规范，因而要创建科学的制度文化。制度文化是校园规范化建设和制度化建设的集中体现，这要求高校教育管理必须在各种制度、规章的约束下进行，规章制度对教师教学行为的约束、对大学生行为规范的养成、对校园健康向上氛围的形成有着很大的促进作用，这也将促进高校教育管理和谐有序地开展。高校的制度文化，主要包括道德行为规范、公共生活准则、校规校训、业余及课余活动规则等方面。要根据本校情况制定和完善高校各项规章制度，在校党委和行政的宏观领导下，调动高校所有职能部门的积极性，上下协力，齐抓共管，使校园生活规范化、制度化。

（五）校园文化建设促进教育管理工作的基本途径

1. 加强校园环境文化建设，提升服务大学生能力

校园环境文化可称为校园物质文化，与精神文化相对。它是校园文化中的基础系统，是校园文化建设的前提，是精神文化的有效载体和实现途径，也是校园文化的直观体现。

第一，重视校园"硬环境"的建设。所谓"硬环境"又称物质环境，主要包括校园建筑、校园景观、教学设施、体育文娱设施及周边环境等，这些能看得到、摸得着的实体无不反映高校的教育理念和精神风貌，物质环境是开展育人活动不可或缺的基础和物质保障。因此，这就要求高校加大对"硬环境"的投入力度，尽可能地完善校园基础设施，为师生开展丰富多彩的教学活动、文娱活动提供重要的载体，使师生学有其所、乐有其所。在打造校园"硬环境"的过程中，各类建筑和设施应达到美感教育的标准和功能丰富化的要求，如校园建筑，包括教学楼、图书馆、宿舍楼、体育馆等，作为大学生学习和生活的重要场所，应具备实用与艺术的双重功能，愉悦大学生的身心，使大学生在不知不觉中受到影响和启

迪。同样，校园景观建设也应达到使用与观赏功能的统一。校园的园、林、水、路、石等人文景观有助于陶冶大学生情操，塑造大学生美好心灵，激发大学生进取精神，促进大学生身心健康发展。大学生在优美的校园环境中成长，有助于激发其爱校热情，有利于教育管理工作的实施。

第二，重视校园"软环境"建设。"软环境"是相对"硬环境"的一个概念，也是一种精神环境，主要包括校园内的人际氛围、舆论氛围等。人际氛围主要指校园内的各类人际关系，包括教师与大学生、大学生与大学生、教师与教师、领导与教师之间多层次的人际关系。每个人都不是孤立存在的个体，高校大学生所有的学习和娱乐活动都是在与人交往的过程中实现的，高校是个小社会，社会交往是大学生社会化的根本途径。大学生通过社交建立起相对稳定的人际关系，人际关系网对大学生的一言一行和身心发展影响重大。和谐的人际关系有利于维护校园秩序，使大学生形成正确的是非观念。因此，教师在大学生人际关系形成的过程中应发挥主导作用，避免大学生发生孤僻、嫉妒、自卑等社会交往问题，正确引导大学生坚持平等、相容、理解、信用等交往原则，远离习惯不良、思想扭曲的人，选择道德高尚、心地善良、积极进取的人交往。此外，教师作为大学生间的裁判员，应坚持公开、公平、公正的原则化解大学生间的矛盾，解除大学生间的误会，做到不偏私、不歧视、不主观。

2. 加强校园精神文化建设，营造和谐育人氛围

第一，重视传统教育。相关会议指出要"深入挖掘中华优秀传统文化蕴含的思想观念、人文精神、道德规范，结合时代要求继承创新，让中华文化展现出永久魅力和时代风采"。可见，传统文化对于公民形成正确的价值理念、行为规范、理想信念尤为重要。中华优秀传统文化是中华民族的根基和血脉，也是大学生身心成长的指路明灯。高校教育工作者要坚持"取其精华，弃其糟粕""传承与创新相结合"等原则，通过各类教学和文化活动，如实践教学、演讲比赛、征文大赛、文艺会演等活动形式，传播优秀的传统文化，其中包括天人合一的和谐精神、自强不息的进取精神等。同时，深刻挖掘高校的文化底蕴和历史传统，讲清楚高校的历史和文化，使大学生感受到高校的魅力所在，从而激发大学生的自尊心、自信心以及爱国、爱校情怀。教育管理工作者只有本着与时俱进的原则，融入先进的教育理念，方能不断深化校园精神文化。在优秀传统文化熏陶下的大学生，更易于塑造健全的人格、培养高尚的品格，这与大学生管理工作的目标相一致。

第二，加强校风建设。校风即高校的风气，是一所高校鲜明的个性特征，它体现在全体师生的精神风貌上。校风是一个多层次、多要素的动态系统结构，涵盖教风、学风、作风、班风、舍风等各类校园风气。良好的校风有利于大学生思想品德、道德情操、行为习惯的形成。因此，校风建设是育人的关键环节。教师是人类心灵的工程师，加强师德建设、提高教师的业务素质有利于形成良好的教风。良好的教风对大学生汲取知识、培养能

力意义重大。班级是大学生获取知识和提高素养的主要场所。和谐、向上的班集体对大学生的学习兴趣、道德品质、行为习惯和良好学风的形成有着促进作用。为加强班风建设，首先要对班级日常管理进行严格要求，用制度来约束大学生言行；其次要营造浓厚的学习氛围，通过互帮互助、嘉奖优秀等方式激发大学生的学习动力，培养大学生良好的学习习惯，使每个大学生都能成为群体的典范。此外，宿舍是大学生生活起居的唯一场所。良好的舍风有利于大学生养成好的生活习惯，如早起早睡、勤奋上进、锻炼身体、读书看报等。好的生活习惯对于大学生进入社会、成家立业有着长远、深刻的影响。为加强舍风建设，需要严格宿舍制度，对于不遵守宿舍制度的大学生加以管教和约束。还要发挥大学生干部和大学生党员的榜样作用，带动普通大学生养成健康的生活习惯。

3. 加强校园制度文化建设，建立完善规章体系

第一，完善规章制度体系。校园规章制度是全体师生共同遵守的行为准则。对于大学生来说，规章制度犹如一面镜子，时刻提醒大学生正其冠、端其行，避免违反纪律、误入歧途；对于高校来说，规章制度是高校文明的标志，高校力求在育人实践中加强"制度化、科学化、规范化"的管理，努力使各项工作有章可循。严格的规章制度能保证教学工作的顺利推进，是大学生成才的重要保证。因此，建立和完善科学的规章制度体系尤为重要。随着高校教育改革的不断推进，高校的制度建设也应朝人性化、科学化的方向发展，尊重大学生的人格，倾听大学生的诉求，使师生关系更加和谐，教育管理工作更容易开展。同时，规章制度的制定应具备科学性、合理性、可操作性等特点。缺陷重重的规章制度不能起到约束、教育的作用，会影响校园文化的整体建设。规章制度自身的完善是规章进入执行程序的前提，是教育管理工作顺利推进的保障。

第二，提高规章制度执行力。教育管理工作以高校各项规章制度为依据，规章制度的执行力影响着教育管理工作的成败。科学的规章制度是高校各项工作开展的保障，但若有令不行，有章不循，有错不罚，则再好的规章制度也是纸上谈兵。所以，提高规章制度的执行力是保障各项制度落到实处的根本途径。教育管理工作者在执行规章制度的过程中应做到事前防范、事中控制、事后监督。事前防范，可以防止违纪行为的发生，并降低管理成本，减少管理压力；事中控制，可以保证制度的严肃性，使制度在公平、公正的原则下运行，防止事态偏离正常轨道；事后监督，对制度执行者和制度执行情况进行考核，可以不断完善制度体系，使制度更加科学、合理。除此之外，应不断加强大学生的德育教育工作，使大学生认识到遵纪守法的重要性和违法乱纪应付出的沉重代价，积极号召大学生自觉遵守规章制度，做到自尊、自爱，使每一个大学生都能成为遵纪守法、道德高尚、素质优良的时代典范。

第三节　互联网时代高校教育体制建设层面创新

一、加强法制化建设

(一)高校教育管理工作法制化建设的必要性

高校教育管理工作法制化建设的推进，是当前构建和谐社会的重要内容，是促进高校学生健康全面发展的重要途径。

1. 是完善高校法制教育体系的重要措施

法制是社会生活的重要组成，是学生接触社会、进入社会过程中必然要接触到的社会内容。但是，从当前高校的教育现状来看，法制教育并没有引起高校的重视，这就直接或间接地造成当代大学生的法盲现象。因此，高校教育管理工作法制化建设的推进，能最大限度弥补高校法制教育的空白和漏洞，为学生的健康成长保驾护航。

2. 是促进学生全面发展的重要内容

在法制社会里，法制是人们生存及发展的必备基础。高校教育管理工作法制化建设的推进，能为学生打开另一扇窗户，让学生从法制的角度去看待这一社会及社会运行的本质，在帮助学生成为全能型人才的同时，促进学生世界观、人生观、价值观的全面发展，帮助他们顺利地走进社会。

3. 实施法制化管理是高校进行管理体制变更的内在要求

随着社会经济体制的不断发展和变更，高校已经从传统计划体制下的单纯的公益性事业单位演变成了公益性和产业性相结合的教育实体。当前的高校作为一种独立的事业性法人，它享有办学的自主权利。学生也享有自主选择自己喜欢的院校以及自己喜好的专业的权利。高校和学生之间的活动受到国家法律的保护，双方根据自身的意愿来进行约定，这就是人们常说的合同调整。高校要为学生提供对应的学习条件和服务，让学生顺利地完成学业；同时，学生也需要遵守高校制定的相关制度。如果学生刻意违反高校所制定的规章制度，高校有权利对学生实施相应的处罚。随着高校内部管理体系不断完善，高校后勤社会化的脚步不断加快，高校不再根据其作为管理者的态度去管理学生，而是根据所制定的规范化标准，即和学生之间所达成的约定去对学生实施管理。社会化的后勤体系主要表现为开放式的管理模式，要想让大学生适应高校后勤服务的社会化管理，实现高校的最终教育目标以及高校管理模式和社会发展形势相适应，就必须对学生的管理实施法制化。

4. 高校办学方向的自我要求

高校作为社会一个不可或缺的组成部分，其科学、文化的传播能够直接影响我国的法制化建设。同时，在我国社会主义法制化建设方针的指导下，我国的全体公民必须具备一定的法律意识和相关的法律知识。而高校是人才培养的重要基地，大学生的法律意识以及法制观念对于我国社会的发展和国家事业有着一定的影响。大学生是一个有文化、有素质的群体，在言行举止各个方面都能够对社会产生影响和示范的作用。提升大学生法律意识，加强大学生的法制教育，让大学生在法制的影响下规范自身的学习和生活，提升大学生素质，让大学生逐步形成遵纪守法的意识和习惯，能对我国社会的法制化进程起到一定的推动作用。因此，想要建立一个社会主义法制化国家，加强全社会公民的法律意识和法律素质，实行高校教育管理工作的法制化是非常必要的。

（二）高校教育管理工作法制化建设推进的具体措施

高校教育管理工作法制化建设的推进，其主要目的在于营造一个良好的法制氛围，将法制理念植入学生的思想，在促进学生全面健康发展的同时，为社会经济建设做出力所能及的贡献。结合高校教育管理工作开展的现状，可以从以下几个方面采取措施，推动法制化建设。

1. 制定完善的法律监督管理制度

高校在教育管理方面有很多权利，这些权利具有一定的意志性以及单方强制性。长期以来，我国在法制建设上相对还不是很完善；对于高校的教育管理工作也缺乏司法审查，很多在校大学生的合法权益得不到维护。从我国法律法规的角度来说，与学生相关的人身权利行为在实质上并没有得到明确的授权，这导致很多权利缺乏司法程序的保护。所以，要制订一个完善的高校教育法律体系，依法规范高校管理工作，以促使司法程序充分地贯彻到高校教育管理工作过程中，通过法律的途径使高校和学生的权利平衡得到保障，保护大学生的合法权益。

2. 开展专题教育讲座，传播法制理念

高校教育管理工作的法制化建设，首先应对学生的法制理念进行培养。在众多法制化教育手段中，专题教育讲座是较为有效的一种。可以邀请一些较为著名的讲师就大学生感兴趣的某一内容进行教育和引导。在开展专题法制教育讲座的过程中，一定要注意以下问题：其一是专题与大学生的兴趣倾向应保持一致；其二是一定要与学生进行互动。

3. 提升高校教育管理工作队伍素质

在高校教育管理工作中，一个高水平、高素质的管理队伍能够有效地提升教育管理工作的效率。可以在校外聘请一些专职的法律相关工作者，组建成一个大学生法律救助的组织，与一些司法单位建立长期稳定的合作关系，共同受理申诉的各类案件。

4. 建立正规的管理程序

实现法制化的重点，在于管理的具体程序。如果实现了管理程序的法制化，就等于实现了管理行为的法制化。在校学生如果违反了高校的相关规定，在对学生进行处分前，需要第一时间通知学生，以此来保证学生的知情权，使学生的合法权益不会受到侵犯。高校还要设立听证制度，对学生的知情权进行进一步的保护。高校应建立相应的申诉体系，让学生拥有为自己辩护的权利，并设立有效的司法救济体制，对学生的合法权益实施最大化的保护。

5. 充分利用"校地联动共学共育"环境，营造法制化氛围

加强和推进大学生法制教育，仅仅局限在校园内是不可行的。只有让学生与社会实际进行接触，学生所掌握的法律知识及形成的法律理念才能派上用场，否则就是纸上谈兵。结合"校地联动共学共育"实践活动的背景来看，校园作为根本的基地，承载着这一实践活动的资源需求，同时也为大学生法制教育工作的开展提供了实践的平台和渠道。因此，就大学生法制教育工作的推进来说，还应充分利用"校地联动共学共育"这一实践活动背景，走入社会，让大学生的法律意识成为立体的东西。

6. 坚持平等，服务学生

高校应有平等、履行义务的意识，满足学生的合理要求。对高校内的一些不良风气，管理者应认真分析，依靠思想教育等多种手段加以改变。对教学不重视，对后勤服务关注不力的情况，高校应尽力改变，这是履行国家交给高校的义务，也是高校履行对学生的"服务"。

总而言之，就高校教育管理工作的法制化建设来说，教师应起好模范带头的作用，为学生法制化理念的形成奠定基础和条件。同时，教师还应与学生进行良好的沟通，随时解答学生的法制疑惑，为学生在法制环境下健康成长做出努力。

二、健全管理机制

我国当前的高校教育管理模式缺乏创新，相应的规章制度不够健全。应顺应当下大学生的特点，创新管理模式，建立健全管理机制，在加强教育管理队伍建设和相关的规章制度建设等方面，有针对性地提出对高校教育管理工作可供操作的对策和建议。

高等教育从规模发展转变到稳定规模、提高质量的内涵发展的道路上，学生发生了很大变化，尤其是新一代大学生的入学带来新的挑战，学生工作如果还固守原来的管理理念必然会带来许多的问题。从科学发展观来看核心是以人为本，对于高校而言就是要以学生

为本，而现在还有不少高校教育管理主要是命令式的，学生管理者具有绝对的权威；管理理念应注重过程，而至今仍有很多高校是以"结果管理"为目标的教育管理理念。规章管理制度没有及时更新，跟不上新一代大学生的要求，有很多方面没有相应的规范制度。所以，要加强新时期高校的教育管理机制，应从以下两大方面着手。

（一）建立科学的教育管理机制，强化管理队伍建设

解放思想，更新观念，建立"以学生为本"的科学管理机制。人是教育的基础，也是教育的根本。一切教育必须以人为本，这是现代教育的基本价值。所以，教师认为高校应树立以学生为本的教育管理核心理念。要实现以学生为本的教育管理核心理念，就要尊重青年学生，尊重他们的人格，尊重他们的个性，尊重他们的基本权利和责任。管理是引导，不是去左右；管理是影响，不是去支配；管理是感染，不是去教训；管理是解放，不是去控制。以学生为本，是对学生人性的唤醒和尊重。真正的管理是以学生为本的管理，让学生体验高校生活的美好，体验学习成功的快乐，体验同学间友谊的纯洁，通过各种教育活动培养他们积极的人生态度、鲜明的价值判断、丰富的思想体系。教育管理要高度关注学生的自由、幸福、尊严和终极价值，用全面发展的视野培养全面发展的人。教育管理要体现人文关怀和道德情感。无论现代管理手段多么先进，都不能否定面对面的教育工作；无论现代传媒多么发达，都不能代替人与人之间的感情交流融合；无论各项制度多么完善，都不能忽视人文关怀和道德情感。现代管理要用真理的力量、人格的力量、道德的力量、情感的力量，将外在规范要求内化为思想品格。教育管理工作要认同学生在高校的主体地位，了解他们，尊重他们，为他们服务。准确把握学生的思想脉搏，不仅要掌握学生的群体特点，还要关注学生的个性特征。不仅要把他们看作教育管理关系中的权利主体，还要把他们看作能动的、有创造力的行为主体，真诚关爱青年学生健康成长，坚持解决思想问题和解决实际问题相结合，从青年发展需求出发，把职业发展、心理健康、帮困育人作为人生指导的重要内容，把教育着力点从消极防范和控制转向积极引导和真诚服务上来。改变传统教育管理者高高在上的姿态，从以教师为中心的模式转变为以学生为中心，充分肯定学生的优点，给予学生相对自由的空间，发挥其自主性和创造性。

以往的教育管理主要是命令式的，教育管理者具有绝对的权威，而现阶段的大学生具有强烈的参与意识，喜欢竞争且个性独立，他们希望被尊重，不喜欢被强迫接受某种观点和理论。根据这些特点，应该提倡学生的自我管理、自我教育，教育管理者应担当指导者的角色，引导学习和工作的方向，并且在过程中给予提示和警告。加强教育管理队伍建设，高素质的教育管理人员是教育管理工作的重要保证，也是教育管理工作是否顺利有序进行的关键。在加强教育管理工作方面，要严格要求教育管理者按照规章制度执行工作职责，建立完善的工作监督体系；还要在工作、生活上关心他们，充分调动其工作积极性；同时要大力加

强教育管理者的培训和学习，经常安排他们参加各种业务培训活动，提高业务水平。

(二)规范管理，完善规章制度

规范规章制度，制订程序是关键。目前，高校的规章制度一般都是由有关职能部门负责起草，法制工作部门负责审查，经校长(院长)办公会议审议通过后，由高校公布施行。因此，规范规章制度的制订程序涉及起草、审查、审议与决定以及公布等诸多环节。

首先，起草工作最具基础性，对于保证规章制度草案的质量有着决定性的作用。在起草工作开始前，起草部门应当对拟起草的规章制度进行必要性和可行性论证，高校也应按期编制计划。只有经过深入调研，论证充分，各方面条件都比较成熟的规章制度项目，经批准并列入计划后，才能开始起草工作。立项程序的设置，对于事先发现问题并解决问题具有重要意义。

其次，在审议和决定阶段，必须明确规章制度草案须经校长(院长)办公会议按照规定的程序进行审议。经审议通过的规章制度，必须在全校范围内公布。同时，还应当允许教职员工和学生查阅、复制或者摘抄已经公布施行的规章制度，并且建立相应的权利保障机制。

对规章制度的解释和适用进行规范，是规章制度实施的保障。严格地讲，规章制度的解释应当遵循"谁制定，谁解释"的原则，即由制定主体——高校负责解释。有关职能部门虽然负责了起草工作，但却不是该规章制度的制定主体，不享有解释权。以往，高校的规章制度大都规定由起草部门负责解释，这是不规范的。因此，规章制度，特别是需要对新情况明确适用依据和做补充规定时，应当由高校负责解释。当然，在行政工作中具体应用规章制度的问题，一般仍由有关职能部门研究处理。

规章制度建设工作是一项系统工程。我们的首要任务是在立项、起草、审查、决定与公布、适用与解释等各个环节都及时地建立起相应的制度性规范。其中，重点应集中在建立重大事务和涉及教职工切身利益事项的议事、决策与监督程序，以及逐步建立健全学生纪律处分程序和学生申诉机制，以创造体现法治精神的育人环境。

从高校的实际、学生的实际出发，把教育管理的内容和要求体现在管理的各项制度中，使学生在日常的学习和生活中受到潜移默化的教育。同时，根据不断变化的新形势，及时调整和完善相应的管理制度，做到与时俱进。在具体的管理工作中，认真执行规章制度，告诉学生可以做什么，不能做什么，让学生懂得怎样为人处世，在校园内营造良好的学习、实践、创新的氛围；将解决学生的实际问题放在首位，在管理工作中，学生不论在学习还是生活中出现的问题能够积极有效地解决，通过问题的解决使学生对教育管理工作产生信任感，愿意积极配合教育管理工作，同时还能够促进教育管理工作的发展和进步。跟随时代变化，及时更新换代各种规章制度，规范管理，使高校的管理更加贴切和符合新一代大学生的要求。

三、提升信息化管理水平

（一）高校教育管理信息化建设的必要性

高校教育管理的信息化建设是高校教育管理进步的内在要求，信息化平台的建设也为高校教育管理工作提供了具体的服务内容。目前高校教育管理系统的开发，多是针对高校的整体管理，涵盖了高校的科研管理、财务管理、网站管理、图书馆管理等内容，其中对于教育管理的重视程度不足，以至于高校教育管理信息化程度较为落后。除了教学管理工作外，教育管理工作也是高校管理的一项重要的工作。

1. 提高高校管理工作的效率和管理水平

高校作为国家教育的重要主体，关系到国家教育水平的发展和社会进步。高校的教育目标是为国家输送大量高素质人才，为国家建设提供人才输出。高校学生的教育工作，不但是专业知识和技能的培训，还包括大学生心理健康以及发展综合素质的提升。高校学生辅导员是学生日常事务和学习生活的辅导者和管理者，对于学生的发展和成长起着关键的作用。越来越多的日常事务和学习管理工作，都能够通过信息技术和网络技术实现，信息化建设已然成为教育管理工作的一个有效途径。

高校教育管理工作的开展，是高校其他工作开展的基础和核心，也是其他学生工作有序开展的前提。利用网络技术等信息化技术，实现高校教育管理的信息化建设，是提高教育管理工作效率和水平的一个有效手段。利用信息化技术的综合处理特性，对学生的各类信息进行高效的处理，处理的结果也可以通过网络平台更快更直观地表达出来，信息的处理结果可以在互联网上供师生及时地查看，学生信息得到了更加高效而准确的处理，降低了教育管理工作中很多繁复工作的难度，管理者也有更多时间致力于其他方面的管理。工作效率的提高，让教育管理工作安排更加合理，避免教育管理工作中心偏移，更好地协调教育管理的各项工作。

2. 优化高校教育管理流程

高校教育管理工作环节复杂，涉及大量的事务性工作，如学生信息更新、学生奖学金、学生评优、学生选课等，这些工作往往是先由院系等学生工作处进行处理，然后再汇总到高校学生处。这样的工作流程环节多，管理层级也比较复杂，由上而下的管理模式更容易出现疏漏，效率也比较低。信息化管理平台很好地优化了这种复杂的管理模式，简化了整个教育管理工作流程，让高校的有关职能部门、院系和学生三者之间有更好的管理平台，学生信息的接收、处理和汇总也有更加便捷的流程。除此之外，在网络模式下，教育管理工作还摆脱了一定的空间束缚，教育管理工作可以在网络中完成而不需要到相关部门进行实际操作，让教育管理工作更加灵活。针对我国高校教育管理人数众多，管理结构复杂的现状，信息化建设能够更好地协调高校各部门之间的工作，对优化高校管理流程有很强的现实意义。

（二）高校教育管理信息化建设模式

推动高校教育管理信息化建设，关键就在于对教育管理工作的相关信息进行采集和处理，将这些信息按照一定的信息处理规范，建立学生信息管理数据中心，采用一系列计算机技术开发教育管理工作的业务系统，实现对学生信息的管理，并在网络平台上实现多部门的学生信息管理服务，为学生提供一体化的信息服务。学生通过信息化管理模式能够更快更准确地获得信息，高校也能通过信息化管理平台更加高效地处理学生信息，整体提高了高校的管理水平。构建高效教育管理信息化模式，主要有以下几个方面。

1. 制定严格的信息标准

高校教育管理工作的信息化建设涉及大量的学生信息，所以高校教育管理信息化标准要具备一定的适用范围，能够涵盖教育管理相关的信息。在此基础上，其他的管理业务才能够利用这些信息完成具体的功能。

2. 建立统一的管理数据共享处理平台

高校信息化教育管理系统需要在校园内部建立一个信息共享的平台，教育管理的相关信息在网络中传输交换，利用网络高速的特点提高信息传输和处理的速度，这就需要一个综合性的信息交互平台，将高校的各个职能部门和院系联系起来，能够收集并处理需要管理的学生信息，在高校中建立一个自封闭的管理信息平台。管理信息的共享平台，要能够协调应用中不同的数据结构，如数据库管理系统，结构化查询语言、双授权政策数据库等共享和集成的问题，从而更好地解决高校管理信息的孤岛问题，让各种管理相关信息都能够在管理系统中有序地高效地流通起来，这也是管理工作效率提高的关键。管理平台对于数据的转换，提供非编程数据转换功能，让管理信息在所有的管理部门都能够进行处理，并对这些处理进行记录和监控，在全网建成一个健康的安全的信息共享平台。

3. 主题数据库与功能数据库

主题数据库是集约化的数据库，具备很强的共享功能，整个数据库系统中的数据都是集约化和共享化的，有利于管理系统信息交流和处理，避免了过多的信息转换和交流障碍。主题数据库模型是由底层数据标准数据库、数据交换平台和业务数据库构成的。底层主题数据库是符合统一数据标准的主数据库，作为所有管理信息的总集合。数据交换平台将来自不同业务数据的数据统一化交换，不管是主数据到功能数据库，还是功能数据库回传数据到主数据库，都需要经过数据交换平台，为整个系统内容的信息交流提供一个通道。业务数据库也可以称作功能数据库，具有不同的功能，如教务数据库、招生信息数据库、财务数据库和毕业生数据库等，这些数据库中的内容属于不同的管理职能，通过数据交换平台就可以将这些功能联系起来，协同完成特定信息的管理。

4. 基于数据库的业务系统

有了完备的数据库系统和数据交换平台，要实现具体的业务功能，就要在数据库系统的基础上，按照数据标准开发相关的管理业务功能，将学生信息从招生阶段、入学阶段、在校阶段、毕业阶段等联系成"一站式"管理服务模式，详细记录学生的各项信息，用电子档案的形式，不同阶段交由不同业务功能进行处理。

（三）高校教育管理信息化建设策略分析

1. 充分认识到信息化建设的重要性

信息化浪潮的到来，把高校信息化建设的问题推上了全新的战略高度。高校作为国家教育活动的基本单元，对社会发展和科教强国的策略起着至关重要的作用，如何提高高校教育管理水平，加快向社会建设输送高素质人才，已经成为高校发展面临的重要问题。运用电子信息技术实现高校教育管理信息化建设工作，是提高高校效率的一个重要手段，高校信息化建设已然成为教育发展的重要环节。如何真正发挥信息化建设的优势，借助社会力量有效地推动高校教育管理信息化建设，我们首先要充分认识到信息化建设的重要性。深入理解信息化系统的优势，从人为角度优化管理工作，借助信息化系统能够实现更快更好的管理。也只有认识到信息化建设的重要性，才能加快信息化建设的投入，让高校教育管理系统更快地建立起来并发挥作用。所以，信息化建设的第一步，是要抓住信息化建设的机遇，找到现有管理系统中的不足，开发适合自身应用的信息化系统，避免盲目的建设，实现高校教育管理的跨越式发展。认识到信息化建设的重要性，加大信息化建设的投入力度，让信息化建设进入正轨，才能有力地推动信息化建设进程。

2. 提高管理人员水平，加强信息化管理队伍建设

为了更好地推动高校学生管理信息化建设，还要从管理者入手。建立健全的管理系统，管理队伍非常重要。管理队伍是高校管理决策的制定者，是管理制度的执行者，是管理工作中的协调者，对管理水平有着较大影响。管理的过程实质上就是信息传递和信息变化的过程，管理队伍负责对管理信息进行传递和处理，在管理系统中占决定性地位。在高校学生管理信息化建设过程中，管理者同样对管理信息进行处理，而且在新的管理体系中，管理者从传统的经验管理转变为学习管理，由原来的层级管理模式转变为扁平的柔性的管理模式。只有在管理人员素质具备的前提下，管理信息化建设才能有序地进行，人工管理和系统管理相结合，才能发挥信息化管理的优势，消除重复管理功能，更好地提升管理水平。

3. 明确建设目标，整合管理资源，加快信息化建设步伐

高校教育管理的信息化建设要有明确的发展目标和发展规划，信息化技术的不断发展决定了教育管理同样需要宏观的规划。信息化建设在既定的目标下，按照不同机构和不同阶段，不断统一并完善系统，避免管理系统中因为信息交流困难而无法实现管理职能。所以，统一的教育管理信息化建设要以促进管理部门协同工作为目标，指导不同管理部门高效工作，对管理机构进行统一的部署和安排。另外，推动高校教育管理信息化建设，还要有效整合现存管理信息，在构建信息化管理体系时能够准确地与高校现状契合，相当于在传统的管理模式下进行升级，并不会出现资源的浪费或者多余的功能，让信息化管理能够与传统管理无缝转接，减少新旧交替的矛盾，从而加快信息化建设步伐。

4. 不断完善管理信息系统，具体化管理功能

推动高校教育管理实现信息化建设，要在硬件具备的条件下不断完善管理信息，利用好管理信息系统来开发功能模块，除了运用先进的管理体制外，还要借助管理平台落实各种管理功能，让信息化管理渗透进每个管理环节，提高教育管理的整体效率。完善教育管理的信息系统，及时更新管理信息，使教育管理工作涉及的数据更加准确全面，同时也为高校决策提供充分的现实依据，教育管理工作与学生的实际情况结合得更加紧密，管理工作也更加符合学生和高校的关系。

高校教育管理信息化建设是未来高校发展的重要工作，提高管理水平和管理效率，让高校的教育管理工作更加先进。我们要从多个角度认识信息化建设的实质，真正实现教育管理的信息化建设。总而言之，信息技术和网络技术确实为高校学生管理提供了良好的平台和工具，大大提高了工作准确度，降低了重要工作的复杂程度，也很好地优化了管理体系结构。在提高管理效率的同时，高校可以更多地关注学生的学习情况和生活情况，更好地帮助学生成长为社会需要的建设性人才。为了保证高校教育工作取得良好的发展，推动高校教育管理实现信息化建设具有十分重要的作用。

第六章
基于大数据时代高校教育管理创新策略研究

第一节　创新高校教育管理体制

一、高校教育管理体制需要在信息化下进行改革

管理系统包括三个方面的内容：隶属关系的确立、组织结构的建立和管理权限的划分。高校教育管理系统是指对高校教育管理的组织结构和权力归属进行划分，划分的时候既要注重培养目标的特殊性，又要体现教学水平，更要能遵循教育教学规律。这隶属于高校的管理体制。

时代的发展要求改变传统的教育管理体制，加大体制创新力度。在当今信息时代，学校的环境变得更复杂、更多样，这要求学校的管理方式既要多样化，也要兼顾个性化。传统的教育管理体制不灵活，无法有效适应内外部环境的多元化变化。新技术环境冲破了原有教育结构的刚性布局，信息传达形成了灵活多变的结构和扁平化的信息传递渠道。因此，对传统校园教育管理体制进行改革是有必要的。在改革过程中，信息技术提供了强有力的支持，为教育管理体制改革注入了新的活力，在学校管理组织体系中应用广泛。广大师生都是网络信息技术的拥有者，他们具备参与改革的知识和能力，是教育管理体制改革的领导者。同时，信息社会的到来，让教育管理者开始面临极大的挑战，也提高了对他们综合素养水平的要求，需要他们与时俱进，不断适应新时代，抓住机遇迎接挑战。

二、高校教育管理组织机构的变化

对组织的结构进行评价：①责任性，组织的每个成员都应该对组织负责；②适应性，组织要经常随时间不断变化并进行革新；③及时性，要及时完成工作，速度要快；④响应性，对组织外部环境需求要及时响应；⑤效率，组织成员要可靠地完成任务，还要有最小

的出错率，并且要考虑到资源的经济性，简单说就是又快又好。高校教育管理是指要取消教学机构管理组织中的大部分中间管理层，加大管理组织的扁平化，以达到减少中层管理团队的目的。基于以下几点原因，在大数据环境下，教育管理组织的扁平化是有可能的，也是必要的：①对组织结构进行扁平化处理，有助于充分发挥基层管理人员的能动性，给他们以更广阔的发展空间；②大量烦琐的、需要人来完成的工作，可以由计算机或者自动化设备完成；③由于网络交互的特性，决策层和执行层的信息传递更加方便快捷，一些中间层管理机构可以取消，使得加强管理幅度成为可能。

三、高校教育管理权限的重新划分

在高校教育管理组织环境下大数据趋于简化，但组织关系更为复杂，这是因为缩减机构、降低管理人员的数量，导致机构之间、管理人员之间以及机构和管理人员之间的关系更为复杂。

就高校而言，高校层面是宏观层面的管理，教学质量和高校协调控制是否有效有着非常紧密的关联，所以高校应对整个学校的所有专业进行很强的管理，并施行对应的方针政策，这样才能为整个教学过程进行有力的保障和支持。管理的具体内容涵盖领导学校招生和分配工作，决策全校教育管理重大事项，建设教育管理制度规章，完善教学质量评价系统，设计科学化教育培训规划，提出或者修正教育计划要求，对实习、公共选修课和文化素质课进行安排，对学生进行管理，加强教学科研信息系统及教学基础设施的建立。当然，在这些管理活动中，老师和学生的意见不容忽视。学校管理系统的职能首先是宏观管理，其次是为教学工作提供方便，最后是决策。我们应该注意到，这些管理活动在不同部门的分工不同，赋予各部门的权限也不同，怎么分工，如何赋权，值得探讨。学校（系）级各部门层面有自己比较完整的教学管理组织结构，如有多个部门和相应的教学秘书，有教务处，对学生的工作负有特殊的责任，分配学校教育经费、制订各学科的教学计划、负责部门课程安排和教师安排；制订更加详细的专业教学计划，如组织教学研究活动、教学质量评价、各种考试的组织、实验设计和实践安排；负责学院和学校的学生奖惩以及院（系）、学校教学之间的协调问题等。在这一系列活动中，师生参与决策。

高校教育管理涉及相关负责人、校长、主任及教职人员、教育管理人员、学生等。传统的教育管理权主要归校长和负责教学工作的副校长所有，教学活动在教学部门的领导下开展，老师听从院长的安排，按照同一教学纲领对学生进行知识的传授，然后教师布置要学习的各种知识，学生学会如何学习。也就是说，教育管理权掌握在学校的领导手中，教师和学生基本上没有这方面的权力。为了能够让教学活动变得既有效又有趣，应该将更多的权利和更多的自由给予教师和学生。首先，教师和学生对涉及教学层面的重大决策和决议，都有评价权、提案权甚至决策权，而且对这些权利应该设立具体的规章制度，进行保障。其次，对于教师，他们可以选择教学对象、研究项目，并得出自己的结论；对于学生，在正确的方法指导学习的前提下，具有选择选修课程的自由、选择相关专业的自由、选择教师的自由和选择学习内容的自由，并且能够形成自己的自由思想，参与教育管理评价。

第二节　改革和完善高校教育管理

一、引入先进的管理思想

只有在先进管理理念的指导下，教育管理才能发展起来。在信息化时代，高校教育管理者除了要具备教育管理能力，还应具备先进的管理思想。

第一，主动适应的思想。主动适应思想是指教育管理工作应主动适应社会发展的需要，随时随地捕捉信息社会对人才的需求，及时调整教育管理思路，顺应时代的潮流。主动适应性思维将成为高校教育管理的指导思想，教育管理的主动适应性思维是强调适度分权，针对内部要素和外部环境的变化采用灵活的态度来应对。

第二，人本观念。学校管理的核心在于教学管理。人本观念首先体现在管理过程中将法人主体地位放在首要位置，促使教师和学生在工作和学习的过程中充分参与到管理实践当中，让他们在参与的同时，获得身心综合发展的能力、知识等。教师和学生的创新充分挖掘了潜能。因为学生是学习的主体，教师是教学的主体，他们拥有积极创造的内在潜能，对于提高教育管理质量来说，意义重大。所以，在具体的管理环节一定要注意激发师生创造力，充分调动他们的主观能动性，在所有的管理活动当中要实现全方位的注意和把控，以便有效提升教育质量。

第三，全面质量管理理念。全面质量管理是一个组织，把质量当作核心，将全员共同参与作为根基，目的在于让顾客满意并且组织中全部成员得到社会受益而获得持续成功的路径。高校教育管理实践当中的全面质量管理包括：①全过程质量管理。想把教育目标放在核心，科学有序地实施教育教学活动，就要加强对教育教学环节质量的全方位把控，尤其是要管理好接口，保证不同环节的有效衔接，有效确定不同环节要达到的质量标准。②全方位质量管理。想进行综合性的管理，只要是影响或涉及教学质量的环节和因素，就要考虑。③全员质量管理。学校的各个部门、每一位成员（包括全体教师和学生）都应该主动积极地参与质量管理，努力提高自己的工作质量，以培养高素质的专门人才。

二、利用信息化手段改革教学计划的管理方式

要深化教学改革，第一步要做的是改革教学计划。只有好的教学计划才能保证好的教学质量。制订好教学计划，是建立教学体系、安排教学任务、组织教学过程的基础。教学计划一般是在国家相应教育部门的指导下，考虑全局效益，由教育学家或相关人员独立制订的。教学计划都符合教学规律，一段时间内稳定不变，但长远来看，也要不断及时调整和修正，适应社会的新发展以及经济和科学技术的进步。

教育管理者还要改变传统的教学观念，及时修改和调整教学计划。原因有以下几点：一是从社会对人才的要求来看，当今科学技术和社会经济人才发展的要求越来越接近，要综合社会对人才的要求来制订教学规划。二是就人才的成长而言，高校也只是学习的一个阶段，是终身学习的一个组成，并不是学习的终点所在。因此，在高校时期，不但要注意加强专业知识的学习与积累，更主要的是掌握学习方法，还要学会生存，学会共同生活，学会做事，也要注意提升创新能力与创造力。三是从整个世界来看，我国已经加入世界贸易组织，经济全球化的趋势发展迅猛，我国的人才要走向世界，在整个世界上进行竞争，我国教育也要注意对国际化人才的培养。

信息化时代要求我们紧跟时代潮流，准确预测社会对人才要求的改变，培养符合国家要求的人才。要达到这一目标，我们应该加强对信息技术手段的合理化应用，科学设计教育规划，并对其实时监控和及时反馈，制订对教学方案的评价标准，使高校毕业生尽量满足社会的要求。

三、大数据环境下高校教学计划的制订

第一，教学计划应该满足以下几点要求：①客观性。要尽量按社会主义市场经济的要求，设计多种人才培养模式，也要尽可能多地考虑到未来环境的变化，设计多种智能结构。②灵活性。学生要找到适合自己发展潜力的模式，学校要尽可能提供不同种类的多种模式。具体方法可以参考以下建议：学分制方面，可以采用完全学分制。在信息技术大范围推广应用的进程中，远程高等教育得到了长足发展，任何科目、任何内容，学生都可以借助网络进行学习，不限于时间和空间-安排教学时，需要充分合理地应用好信息技术，让学生拥有一个充分选择的空间，也要针对不同学生的不同特点设计符合其个性的教学过程。应该将学生培养成这样的人才：整体素质高，基础扎实，专业能力也不差，注重知识的全面发展，能借助网络拓宽眼界，丰富知识面，拥有终身学习与可持续发展的能力。但必须承认，对高校学生的各种类型的要求不可能有一个统一的标准，我们要鼓励自由发展。

第二，制订教学计划的一般程序。对人才培养目标和业务类示范专业分析；了解有关文件精神和规定的注册研究；提出的意见和部门的学校教学计划的要求；主持制订教学纲领，系（院）教学委员会进行审议，由学校教学工作委员会复审核查，核查签字后由执行校长签字确认。

第三，高校教学计划的内容主要包括以下两个方面：确立合理的专业培养目标，设置合适的课程。因为专业培养目标的质量标准、课程的设置与人才的发展息息相关，本书主要研究培养目标的确立与课程的设置。在专业设置和专业培训目标的确立上，主要应用了调查的方法。调查的基本步骤包括：①凭借履历或理论分析提出若干备用的选项；②发放调查问卷，让被调查者在备用的选项中选择自己的意见或建议；③对调查结果进行统计分析，按照被选择次数的多少对各个选项进行由多到少排队；④制订一定的规则，看看哪个选项占的比重较大。在整个过程中，要充分利用信息技术，借助网络收集信息，收集完后可以借助计算机对调查信息进行统计分析，得出结果。同时，还应注意以下几个方面：一是要进行可靠的预测，对毕业生的就业情况有一定把握，毕业生只有满足社会的要求，高校才能有较高的就业率；二是引入更多的优秀教师，完备实验仪器和必要的书籍，生活设施也应该尽量完善；三是要有尽可能宽的口径，形成宽口径专业教育模式，目前的情况是教学信息越来越不难获取，学习知识也变得更加容易，但是要进行知识的重组和创新变得比较困难，所以我们要重点训练学生的综合素质；四是要有学校自身的特点，学科建设要结合学校的地域优势和传统优势学科；五是考虑到专业的冷热门问题，并及时调整，满足需求。

信息时代下，高校要实施教育教学管理首先应相对稳定和严格地执行教学计划，为此可以制订以下两条准则：一个是将教学计划分为学期教学计划和年度教学计划，制订工作表，安排好每个学期的教学任务、教学教室等；另一个是由相关部门制订教学组织计划，如社会实践计划、实习计划、实验教学计划、培训计划等。要有适当的政策和环境以及保证教学基础设施，还要有教育管理和教师、学生相配合，这分别是教学计划顺利实施的内外部条件。在这个过程中要把握五个方面：一是要切实维护教学计划的严肃性和权威性，严格遵守教学计划，可以适当调整；二是在具体的实施过程中，严格选择计划材料，遵照教学大纲的要求；三是加强教师群体的力量，确保教学第一线与教学计划一致；四是制订教学质量评价方案并严格监测执行，可以借助信息技术建立自动的监测和反馈系统；五是教学组织与管理要严格按照教学计划进行。

四、改革学生的培养方式与管理模式

信息时代要求人才具有更高的素质，改革人才的教育方式和管理模式是必要的。大数据环境下改革学生的培养方式主要体现在以下三个方面：一是在教学中促进"参与式"教学法。该教学法主要以提问式教学活动、开放性内容为特征，问题无标准答案，作业、论文也很少甚至没有，能带给学生自由思考的充足时间和空间。利用网络技术和计算机技术收集相关信息来解答问题，通过对问题的解答完成知识学习与内化。在这样一个学习实践活动当中，学生不但掌握了借助网络解答各种问题的能力，而且学会了与"问题"有关的知识。同时，因材施教，针对学生自身的特点确立恰当的培育目标，设置严谨学习规划，尽可能让每一个人都能得到很好的发展。二是努力培养学生的社会实践能力，加强实践教学。三是鼓励学生跨学科学习，培养全面型人才。当今社会，随着信息技术的发展，新的学科不断涌现，这些学科大部分是由学科交叉形成的。建立交叉学科培养机制，培养学生跨学科背景。在基础学科和谐的高校中，打破不同专业教育壁垒，要创建跨学科教学的培养机制，可以借鉴国外成功的跨学科教学的经验。具体实现过程如下：以培养计划为基础，为学生选定必修课程，这些课程是跨学科的，包括文学、理学、工学等多个领域，以便对学生的综合分析力进行有效锻炼，培育学生创新思维与创造力；要提供多种专业、多类课程、多个教师可供学生选择，这样学生就能根据个人兴趣制订自己的培养目标，进行自主学习；高校应完善相关课程，抓住交叉学科的新增长点，组织多学科的力量开展教学，配备必要的教师，形成跨学科的教学模式，激发创新意识，促使学生应用到探究新领域中，全面发展自己。

在学生培养模式改革的基础上，对学生的管理方式也发生了很大变化。目前，大多数高校实行学分制，这是在计划经济时代就形成的管理模式，灵活性不够，刚性太强，约束力也太多。在当今大数据环境下，对学生的管理，我们更提倡注重学生个性化的模式。教师管理系统要以学生为主导，教师为辅助，建立学生服务中心。具体操作有：一是建立心理咨询、急救救援、工作研究、学习指导机制，建立相应的社区管理部门；二是以学生宿舍为基础，取消班级，由学生与老师形成一个整体；三是由研究生或高年级优秀学生协助管理，为学生提供指导。这种管理模式可以实现学生的自我教育、管理、服务，能够让学生的综合素质得到有效发展和锻炼。

五、加强课程教学管理改革

在信息时代，知识变得越来越重要。高校课程体系优劣评估要特别注意：一是课程体系的整合，对不同学科之间的课程研究越深入，整合程度越高；二是课程体系的完整性，课程越多，内容越丰富，体系越完整；三是课程体系的可持续发展，是指随着科学技术的变化和发展，社会课程体系要及时自我调整和自我更新；四是课程体系的平衡结构，课程体系的平衡是指，层次结构和内部关系以及相互之间的配合度。根据这些指标，在优化课程体系时，我们应该注意以下几点：

首先，注重更新教学内容，教学内容要具有思想性、科学性、前沿性和创新性。课程内容要及时更新，可以将最新的科学研究成果引入课程，激发学生的学习兴趣，以课堂教学和网络教学相结合的方式，积极开展网上教学。

其次，要重视跨学科课程建设，重视理工科类和文学类学科的相互渗透，密切关注综合学科和交叉学科的创建。

再次，要重视总结课程体系改革和教学内容的成果和经验，并从中吸收有用的成分，积极扩展教学内容，进行教学改革。我们还应该增加课程的种类和数量。

最后，注重课程比例的合理设置。如今高校基本实行学分制管理，学生的课程分为必修课和选修课，必修课和选修课之间必须有合理的比例。目前选修课的占比比较低，有待提高，同时可以在必修课程中加入选课系统，如数学、物理、计算机应用、英语课程有不同的等级，学生可以根据专业方向和自己的兴趣选择相应的课程。

六、教学评价体系的科学化和规范化的建立

教育评价中教学评价是至关重要的，教学评价就是依据特定的教学目标在一定的教学系统里搜集信息、精确理解，最后再科学全面地分析，从而让评价能客观有效，并使教学质量的提升能有一个依托，也为改革提供一些凭据。教学评价的教学意义十分重要，它可以用以指导，也可以帮助决策，还能进行适当的反馈。

依据高校教学的特点，教学评价的体系应当全面且多元化。教学评价的对象和主体是首先要清楚并确定的。一是教学评价的对象。按评价对象教学评价可分为三种：整体教学评价、专业教学评价和教学评价。对一个学校进行教学评价要有宏观的观点，对环境质量、办学水平以及专业人才进行全面的评价；对专业的学校和教学水平进行深入而全面的评价就是教学评价，主要应注意教学质量和办学特色；对综合素质进行微观的评价亦是教学评价，而较为基础和重要的是高校教学的评估，此处说的是关于课堂的教学评价。二是教学评价主体。主体多样才能更全面而深入地进行评价，有自评和他评，还有学科专家、管理干部、领导和社会对教学进行评价。依托现在的网络和计算机技术，使用软件对信息进行分析处理是现今通用的。

要有不同的评价标准。对于学生而言，不同情况标准应不同，如学校、专业和年龄等。

第一，个别学生的多样性。学生差异性较大，环境因素以及后天接受的教育水平也扮演着重要角色，每个学生对于自己的认识还有自己付出的努力的不同，都形成了独特个体。

第二，信息化水平的提升，促使信息获取路径呈多元化的发展态势。"现如今教育教学信息的收集和沟通已经从传统时代过渡到数字信息化时代，在这样的背景下，人们能够自由自主地完成信息互动沟通，就如同宇航员在太空失重环境当中能够让身体随意移动一样容易。"

就考试制度改革现阶段的具体要求来说，考试是教学质量的证明，同样是考核的重要方法。临时抱佛脚去死记硬背可能会取得好成绩，但平时底子好的学生也许就不能筛选出来，这样教学质量的审查就有些偏颇了，不能很好地检测学生的学习程度和能力。考试制度在大数据条件下的革新应表现在：在考试内容方面，要侧重让学生运用知识的能力得以展现；在考试记录方面，把握素质教育，一定情况下可以不用百分制进行评分；建立专门的检测中心，对于基础课的考核各个过程都要把握好，不管是命题还是阅卷都要搞好质量的查验；检查考核的方式也应有创新，可采取撰写研究报告、研究文献综述产品设计等方法，这样利于学子的思维以及创造能力的提高。

第三节　建设高素质的教育管理队伍

不同的原因影响着教育管理的质量，包括人力、财力、物力、信息等。教育管理者是上述因素中首要的，因为人是主体更是管理的第一位因素，制订教学有关规划和纲要以及安排学习内容、课程安排、教材预订等，还有学生的考试、毕业设计、实践等，各个阶段都不能没有教育管理者的参与。基于大数据时代的情况，教育管理质量日益受到多方面影响。想实现管理的效能，高素质的教育管理队伍是至关重要的。

一、大数据环境下对教育管理人员的素质要求

知识密集、高新技术、人才聚集、思维活跃、信息渠道十分畅通，这些都是高校的特点。随着信息技术的快速发展，所有的教育管理人员的素养也有待提高。各教育管理人员应该做到以下几点：

第一，树立强烈的服务意识。管理的本质就是服务。教育管理人员不能把自己作为掌握权力的管理者，而应该作为一个服务者，服务学生，服务教师，服务教学，进而服务于崇高的教育事业。

第二，掌握教育理论和专业知识。身为教育管理者，教育的科学及其规律是基础，一些专业的知识必须掌握，如教育学、教育心理学、管理学和高校教育学等，如此才能让科学教育和教育管理得以实现。高校的管理人员要具备充足的理论知识，同时要掌握高等教

育改革的理论。再者，必须具备相关专业知识。进行教育管理工作，是对学校现在的一切资源实现有效而科学的管理，所以必须学习相关专业知识，包括现代计算机方面有关管理的方法和档案的知识等，才能应对教育管理工作操作的复杂性。

第三，掌握现代信息技术，具有良好的信息素养。随着现代信息技术的飞快发展我们必须掌握不断更新的技术，这样才能使管理效率不断提高。教育管理人员不仅要拥有极好的信息素养，还要会顺利使用现代的信息技术。

第四，具备较强的管理能力。首先，组织决策能力要比较强。当今社会，教育体制改革在不断加强，只有教育管理者具有较强的组织决策能力，才能制订教学计划，制定切实可行的政策措施，对整个教学过程进行加工，并结合学校自身的优势做出科学合理的决策。其次，教育科研能力要强。查找资料，深入研究，准确把握国内外各大高校特别是精英院校的教学情况以及世界教育改革的趋势；要处于教育管理、教学第一线，或参与课堂教学，经常了解教学情况，对高校教学进行调查和研究，掌握整个学校的发展趋势，做好教育管理，同时"教育管理是一门科学"，实施教育管理和教学研究，是教育管理的共同任务。为了正确地管理，提高教育管理的质量和效率，研究者和教师有必要研究教育管理的特点和规律。最后，要勇于创新，敢于开放，培养良好的集体合作能力。教育管理应该与时俱进，而不是一成不变的。对于教育管理者来说，在工作中勇于创新，推动教育管理的进步是很重要的，革新也一直是一个核心的内容要求。

二、进一步提高教育管理团队的全面素质

教育管理不仅是一般的行政管理，而且具有学术管理和行政管理的双重功能。没有一个强有力的教育管理队伍，就不可能有一流的教学水平和教学质量。在信息时代，只有提高教育管理队伍的素质，才能促进高校的进步。

首先，教育管理质量的培养。由于教育管理团队是由个人组成的，所以建立一支高素质的管理团队，全面提升教育管理者综合素质是重中之重。培训教学质量管理人员要做好以下几项工作：一是岗前培训。可以邀请有资质的教师和专门的人员进行培训。之后，还应当深化知识的掌握，如心理学及管理科学教育等，还可以提高管理人员的信息素质，特别是计算机和网络的技术，使之可以有效使用校园网与互联网办公和学习。二是面向在职人员，坚持在职学习的原则。采取灵活的培训模式，理论联系实践，通过网络学习和教育管理提高教学质量管理人员的综合素质。三是要有意识地提高他们学习的意识和能力，教育管理工作者能掌握一线教学的情况，促进教师教学实际情形的发展，不断学习。

其次，必须提升高校教育管理团队的素质，让整体进一步发展，这关系到教育管理人员的个人素质，而且关系到教育管理队伍的整体状况。如果结构合理，彼此促进，会让人们有更多的集体感，同时利于凝聚力与向心力的加强，便于人们积极主动地去创造和发

展，使得教育管理队伍整体作用更好。可见，教育管理团队的结构与组合是提高教育管理团队素质和整体效果的关键。优化教育管理团队结构必须做到以下几点：一是优化教育管理队伍的年龄结构。让不同年龄的人发挥各自优势，并进行经验的互补，形成良好的整体效果。二是优化体系中教育、学科和职称的结构，就教育管理而言，各学科是相辅相成的，对于相应的职称和学历方面，要求是不同的，他们的职称和学历要满足梯次结构的要求，决策、管理和具体的事务性工作分工不同，这样各司其职，形成互补。另一个重要的问题是教育管理团队的人格的互补，恰当组合不同个性特点的人利于形成良性合作。

最后，积极性很关键，因此要建立竞争和激励的制度来引导管理干部，从而提高积极性。责任、制度和奖惩是岗位责任制的三个主要环节。在管理中，责任制是管理制度的核心，不同岗位相应要承担的责任也不同，因此对不同员工有不同要求，要组成一个合适的团体就要对不同的人进行不同岗位和要求的选择。另外，需得严格地对员工进行考核，从而对员工的技能和态度有所把握和了解。定期考核，及时鼓励，奖励合理，全面推广。对于工作态度差、能力低的，最终不再聘用。如此，方能利于竞争并得到进步。通过考核，能找到每一位员工独特的个性和特长，便于大家把自己的特长得以较好的发挥。同时，要有详细的制度和标准，如薪酬制度、绩效评分制度等。以上制度要落实到各个管理人员，使其在一定压力下力求上进。同时，在奖惩时也要特别注重几点：一是物质和精神两方面的奖励都不能忽视。二是奖励时要区分不同的级别，然后分别进行奖励。不同的管理层次激励是根据能力和层级区分的，通常而言，不同位置对应不同的管理能力与不同的奖励标准。三是应用多元化与动态的奖惩。为了使奖励制度具有激励相关人员的力量，在管理人员的各个成长阶段都要用不同的手段给以激励。

实行相应的政策将对教育管理人员积极性的提升起很大作用，如评定职称等问题优惠政策的倾斜必然会提高人们的积极性。

第四节　与大数据紧密结合

一、完善教育管理制度

教育管理系统是根据国家教育法律、法规等，由上级领导部门决策并制定条例与规则，作为教育的一个重要手段，维护正常的教学秩序，是一个国家的教育政策和制度的组成部分。

高校的教育管理制度主要有四部分：关于教育材料的管理，如教学的计划、课程安排和总结等；关于学校学业进程的管理，如考试、教课进度、资料档案管理和课程的调换等；教师和教育管理人员的责任和奖惩制度；还有就是关于学生的管理系。

为了提高教学质量，不仅要有教育管理制度，还应立足于各校实际，再设立新的制度：第一方面应对教学工作多开会讨论，会议制度要详细确立，按期举办研讨会并进行会议的指导，使教学可以制度化；第二方面要对管理加以制度化和规范化；第三方面应合理安排考试，重视管理考试程序并制度化；第四方面是建立和完善毕业生就业质量评价体系，不仅要分析评价结业论文，还要有后续的了解，对毕业生多加关注；第五方面应找专门人员对教学管理进行合理监督；第六方面则是关于研究革新教学工程体系；第七方面是职业教育的评价也要标准化；第八方面是教学成果情况的结果，如英语四六级和全国计算机考试的合格情况、职称结构和教师资格等。

二、校园网推动教育管理的作用要发挥好

环境是基础，教育管理的基础就是校园网络平台的建设。如今的教学离不开这个信息平台，一要特别注重校园网络的作用，尤其多考虑整体的发展，合理进行计划。二是统筹设计。充分考虑并实行网络的开拓软件开发和校园网建设。在施工中必须非常理性，做好网络接口，分阶段建设，使效益最大化。三是软硬件要结合起来共同建设，由于设计软件耗时长，在进行网络改进时耗费时间会更多。教育管理的信息系统是由多方面组成的，可以独自设计，也能买来现有的加以使用，要尤为关注的是软件的合适以及可以共用。四是专门应用，三点技术，七大管理，如此才能达到最好效果。学校应该安排认真负责、技术过硬的老师担当校园网管理的重任，有效助推网络的多方面应用。五为加强深造培训。校园网影响全校教育管理人员、教师和学生的校园网络生活。学校应重视对教师实施优化管理以及专业化的教育培训，合理制订有效规划，使学生和管理人员能够充分应用校园网满足各自差异化的需求，产生对校园网的认同感，而不是对其出现抵触心理。六为加强使用。最终的目的是创造效益，只有加强对校园网的应用程度，加强对校园网的完善力度才能够真正发挥和增强其价值。

三、教学要有足够的投入

如果没有丰富的物质资源作为根本支持，就无法保证价值的发挥，正所谓"巧妇难为无米之炊"。学校经费是教学运行的基础，好的高校一定是有充足资源的。现在，我国高校教育管理相对存在部分问题。首先，在教学中经费不足。我国高校经费一般由政府来进行投入。然而，由于财政收入不足，投资是非常有限的，所以资金很稀缺。其次，能源投入缺乏领导力。由于种种原因，校领导对教学条件和教师不够深入了解，造成了教学品质降低，教师与教育管理人才投入不足。最后，一些学生不够勤奋，不能在学业上投入充沛

的精力。事实上，高校对人才的培养，不仅要求硬件资源还要求软实力的投入，只有两方面兼具，才能实现高效率的管理。如今，有一些途径可以用来改进教学：第一，不单单依靠政府投入，建立各种投资系统，从不同主体入手，寻找不同方法；第二，合理划分经费投入，校园管理层认为教学是重点，导致了费用的不合理分配；第三，待遇从优，使得教师没有后顾之忧，专心致力于教学，改变教师短缺的现象；第四，加强学生管理，增强学生学习的动力和压力。

参考文献

[1]关洪海. 高校教育管理与创新实践研析[M]. 北京：冶金工业出版社，2019.

[2]郭晓雯. 高校教育教学管理创新发展研究[M]. 北京：北京工业大学出版社，2019.

[3]林榕. 大数据背景下高校教育管理信息化发展与创新研究[M]. 长春：吉林大学出版社，2019.

[4]沈金荣. 高校创新教育与创业管理[M]. 长春：吉林大学出版社，2019.

[5]郝岩. 我国高校教育创新管理的多元化研究[M]. 北京：新华出版社，2019.

[6]陈景桥. 地方性应用型本科高校教育管理机制优化与体系创新研究[M]. 北京：中国国际广播出版社，2019.

[7]丁兵. 当代高校教育管理研究[M]. 西安：西北工业大学出版社，2019.

[8]陈攀峰. 新时代高校继续教育创新研究[M]. 长春：吉林人民出版社，2019.

[9]王爱文. 高校创新创业教育发展动力机制研究[M]. 广州：中山大学出版社，2019.

[10]叶瑞洪，陈国荣，陈秀兵. 地方本科院校创意创新创业教育体系构建与实践[M]. 北京：国家行政学院出版社，2019.

[11]孙连京. 高校教学管理理论与实践[M]. 南昌：江西高校出版社，2019.

[12]阮艳花，张春艳，于朝阳. 教育管理理念与思维创新[M]. 汕头：汕头大学出版社，2019.

[13]高连宏. 高校创新创业教育理论与实践[M]. 北京：现代出版社，2019.

[14]李刁. 互联网+时代高校德育实践创新研究[M]. 武汉：华中师范大学出版社，2019.

[15]胡凌霞. 高校教育管理理念与思维创新[M]. 长春：吉林大学出版社，2020.

[16]宋丽萍. 新媒体环境下高校学生教育管理工作创新研究[M]. 长春：吉林大学出版社，2020.

[17]陈民. 高校教育管理创新与实践[M]. 长春：东北师范大学出版社，2020.

[18]解方文. 高校教育创新及其管理体系的建设[M]. 北京：经济管理出版社，2020.

[19]李喆. 地方高校创新创业教育研究[M]. 济南：山东人民出版社，2020.

[20]宫磊. 高校图书馆管理与服务创新研究[M]. 长春：吉林大学出版社，2020.

[21]冉启兰. 教育管理理念与思维创新[M]. 长春：吉林出版集团股份有限公司，2020.

[22]叶云霞. 高校人力资源管理与服务研究[M]. 长春：吉林大学出版社，2020.

[23]王书贵. 高校立德树人的理论探索与实践创新[M]. 银川：宁夏人民出版社，2020.

[24]商应丽. 建构高校艺术教育管理的生成之维[M]. 长春：吉林大学出版社，2020.

[25]索金龙，申昉. 高校财务管理技术创新研究[M]. 北京：北京工业大学出版社，2020.

[26]王利平. 网络环境下高校思想政治教育方法研究[M]. 武汉：武汉大学出版社，2020.

[27]刘思延. 高校教育教学管理实践与创新发展[M]. 哈尔滨：哈尔滨出版社，2021.

[28]赵莉莉. 新形势下高校人才管理及素质教育创新研究[M]. 延吉：延边大学出版社，2021.

[29]周芸. 高校教育教学管理模式创新研究[M]. 北京：中国财政经济出版社，2021.

[30]洪剑锋，屈先蓉，杨芳. 互联网时代下高校教育管理与评价创新[M]. 延吉：延边大学出版社，2021.

[31]曾绍玮，李应. 高校创新创业教育探索与实践研究[M]. 成都：电子科学技术大学出版社，2021.

[32]吕村. 高校教育管理与教学研究[M]. 长春：吉林文史出版社，2021.

[33]高健磊. 新时期高校管理与发展路径探索[M]. 北京：中国政法大学出版社，2021.

[34]姚丹，孙洪波. 高校教育信息化管理与学生管理工作[M]. 北京：中国纺织出版社，2021.

[35]邱向英. 高校预算管理模式创新研究[M]. 北京：中国纺织出版社，2021.